Presentado a:

....

De:

....

Día:

....

EL REGALO DE
la ORACIÓN

CHARLES F. STANLEY

GRUPO NELSON
Desde 1798

NASHVILLE   MÉXICO D.F.   RÍO DE JANEIRO

CONTENIDO

1

UNA INVITACIÓN EXTENDIDA

Cuán valioso es para usted contar con alguien a quien siempre pueda acudir en busca de ayuda y consejo?

¿Que siempre esté dispuesto a consolarle y a fortalecerle?

¿Qué, indefectiblemente, tenga respuestas a sus preguntas?

¿Que nunca vacile en cuanto a guiarle perfectamente en sus decisiones y que le brinde sabiduría para su camino?

¿Que tenga el poder de curar cualquier herida que pueda padecer, vencer cualquier barrera que pueda encontrar, superar cualquier obstáculo y triunfar sobre cualquier desafío que le asalte?

¿Y que nunca le desampare, le rechace ni le abandone?

Es muy valioso tener a alguien así a la mano, ¿le parece?

Lo bueno de esto es que, si usted es un creyente en Jesucristo, en Él tiene exactamente eso. Usted es el beneficiario del gran honor de tener una invitación extendida y permanente a la presencia del Gran YO SOY. Hebreos 4:16 describe ese extraordinario privilegio con estas maravillosas palabras: «Así que acerquémonos confiadamente al trono de la gracia para recibir misericordia y hallar la gracia que nos ayude en el momento que más la necesitemos».

En otras palabras, *usted tiene a ese alguien.*

Ese es el maravilloso e inspirador privilegio que tiene a través del regalo de la oración.

«Clama a mí y te responderé, y

te daré a conocer cosas grandes y

ocultas que tú no sabes».

Jeremías 33:3

Se le ha llamado a entablar un diálogo íntimo con aquel que no solo tiene todo el universo en su mano, sino que además se preocupa más por usted y que conoce mejor su potencial funcionamiento interno. Usted tiene la magnífica oportunidad de pedirle al Señor todo lo que existe para que le guíe en los pasos que ha de dar, para entregarle las áreas que no puede controlar y para responder a todo lo que le confunda. Y mejor aun, para que llegue a conocer*lo más*.

Como es natural, es probable que tenga dudas al respecto; no solo acerca de la posibilidad de sostener una conversación con el Dios del universo, sino que tiene una invitación extendida como hijo suyo que es. Es probable que diga que ora, pero no está realmente seguro de que Él le escuche o le responda. Espera que sí, por supuesto, pero es posible que no confíe en que responderá o crea que usted merece su atención. ¿Está el Creador del cielo y de la tierra realmente a disposición suya? ¿Qué está dispuesto a escucharle y ayudarle?

Amigo, Dios nunca tuvo la intención de que se le acercara con una actitud de «esperanza». Él quiere que sepa, *con toda certeza*, que su bueno, amoroso y poderoso Padre celestial siempre está dispuesto a escuchar su clamor y responder sus oraciones. Como lo promete en Jeremías 33:3: «Clama a mí y te responderé, y te daré a conocer cosas grandes y ocultas que tú no sabes».

Su amoroso Dios desea comunicarse con usted. Puedo decir esto con certeza porque he experimentado una relación profundamente personal con Él a través de la oración. Me asombran constantemente las ideas y los principios que el Padre me muestra en su Palabra durante los sosegados períodos de oración y meditación. Cuando he tenido que enfrentar pruebas dolorosas, su amoroso consuelo y su guía me han ayudado a salir triunfante y más fuerte en espíritu; no derrotado ni más débil. De modo que solo puedo atribuir cualquier cosa beneficiosa o efectiva en mi ministerio a su sabiduría y su poder.

Él ha sido un ayudante constante, un amigo fiel, un defensor victorioso, un líder sabio y un gran Redentor para mí, todo lo cual puede ser para usted también. Puede experimentar a Dios tan profunda e íntimamente como yo.

¿Es eso lo que desea: revelación profunda y comprensión? ¿Bienestar y orientación que le ayuden a triunfar en sus pruebas? ¿Sabiduría y poder que le lleven al éxito en la vida? Estas son las recompensas de una comunión vibrante, firme y constante con Dios. La mejor parte es que no necesita nada adicional para disfrutar de su amor y su sabiduría, solo un corazón receptivo con hambre de conocerlo realmente.

El Señor anhela que usted reciba y use este regalo de la oración todos los días de su vida. De hecho, quiso tanto eso que pagó el precio para que usted pudiera tenerlo.

Se le ha llamado a entablar un diálogo íntimo con aquel que no solo tiene todo el universo en su mano, sino que además se preocupa por usted.

Dios ha sido un ayudante constante, un amigo fiel, un defensor victorioso, un líder sabio y un gran Redentor para mí, todo lo cual puede ser para usted también.

Como ve, aunque este privilegio de acercarnos a su trono es gratuito para nosotros, a Él le costó mucho. Estamos separados de Él debido a nuestra pecaminosidad (Romanos 3:23), esos mismos errores, fallas, debilidades y pecados que nos hacen sentir indignos de su presencia. Es por eso que Jesús vino a perdonar nuestros pecados (2 Corintios 5:17-21). A través de su muerte en la cruz y su resurrección, Jesús pagó el castigo de nuestro pecado y restauró nuestra capacidad de tener una relación perpetua y eterna con el Padre. Nos dio la capacidad de orar con el objeto de que Dios, que puede ayudarnos, escuche el clamor más profundo de nuestros corazones.

¿Qué hizo, para nosotros, la salvación por medio de Jesús? Hizo que usted y yo no tengamos nunca que sentirnos indignos de acercarnos al Señor. Nunca tenemos que sentir vergüenza en la presencia de Dios cuando conocemos a Jesús como nuestro Salvador. Somos absolutamente perdonados, completamente limpios de todo lo que hemos hecho mal.

Como dije, el privilegio que tenemos de conversar continuamente con Dios fue muy costoso para Él pero, debido a que pagó el precio completo, es un regalo absolutamente asombroso que usted nunca puede perder. Y debido a lo que Jesús hizo, su invitación a la presencia de Dios siempre está extendida.

Es probable que piense: *Nunca he aceptado a Jesús como mi Salvador. Nunca he tenido una relación con Dios. Pero me gustaría.*

No es difícil; Jesús ha hecho todo el trabajo por usted. Todo lo que debe hacer es aceptar su provisión por fe (Efesios 2:8-9). Reconozca que ha pecado y pídale que le perdone. Puede decírselo en sus propias palabras o usar la siguiente oración:

Señor Jesús, te pido que perdones mis pecados y me salves de la separación eterna de Dios. Por fe, acepto tu muerte en la cruz y tu resurrección como pago suficiente por todo lo malo que he hecho. Gracias por proporcionarme la manera de conocer y tener una relación contigo. A través de la fe en ti, tengo vida eterna y puedo disfrutar de una comunión íntima con Dios. Gracias por invitarme de manera franca a disfrutar de tu presencia. Enséñame a orar, a buscarte y a conocerte. Y ayúdame a seguir siempre tu liderazgo. En el nombre de Jesús, amén.

Todavía recuerdo el domingo en que hice esa oración —mi primera oración real—, a Jesús y llegué a conocerlo como mi Salvador personal. Tenía doce años y recuerdo que estaba sentado en la iglesia con mis amigos, Nelson, Clyde, Tig y James.

No conocía al Padre en ese momento. Sabía de Él, pero aún no entendía cómo podía estar conmigo en cada momento de cada día y a mi disposición para todo lo que enfrentara.

Todas las noches en que mi madre y yo nos arrodillábamos junto a mi cama, confiaba en que las oraciones de ella eran respondidas, aunque no las mías. Pero cuando me arrepentí de mi pecado y le pedí a Jesús que entrara a mi corazón aquel día en la iglesia, todo cambió. A partir de ese momento, comencé a conocerlo y a disfrutar el regalo que me había dado, el regalo de sí mismo.

Quizás sea esto lo que a usted también le gustaría:

- Experimentar y comprender el asombroso, real e imperecedero privilegio de disfrutar de la presencia, la sabiduría, el consuelo, la orientación, la protección, la provisión y la comprensión de Dios.
- Conocer a Dios, crecer en su relación con Él y encontrar una mayor satisfacción en su vida.
- Escuchar su voz y disfrutar de una conversación significativa y constante —con el Señor de toda la creación— que continúe hasta la eternidad.

Si eso es así, regocíjese. Porque tiene una invitación extendida. El gran regalo de la oración le espera para que pueda conocer al Dador amoroso, omnisciente y todopoderoso que lo otorga y que está con usted para siempre, cualquiera sea la situación que enfrente.

Debido a lo que Jesús hizo, su invitación a la presencia de Dios siempre está extendida. Siempre.

No esperemos más. ¡Oremos!

*P*adre, cuán agradecidos estamos de que desees comunicarte con nosotros y de que nos extiendas una invitación a tu presencia. Que nos hayas reconciliado contigo a través de la muerte y resurrección de tu Hijo, Jesucristo. Que nos hayas dado el extraordinario privilegio de orar para fortalecer y profundizar nuestras relaciones contigo. Padre, respondemos: «¡Sí!». Guíanos a tu presencia y enséñanos acerca de este gran regalo de la oración. Pero aun más, Padre, llévanos a una relación íntima, enseñándonos cómo conectarnos contigo de maneras más profundas y significativas que nunca, de modo que confiemos en ti en cada paso que demos. En el nombre incomparable de Jesús, oramos. Amén.

LA GRACIA
del DADOR

La oración es una conversación íntima con el Dios de todo lo que existe, de modo que la relación que tenga con Él determina el impacto de su vida y la influencia que tenga con los que le rodeen.

2

EL CAMINO AL
CUMPLIMIENTO

En cuanto a lo relacional, sus mayores necesidades como persona son saber que es amado, respetado, valorado, aceptado, capacitado y seguro. Es importante que sepa con certeza que alguien se preocupa por usted tal como usted es, pero que también pueda ayudarle a llegar a ser todo lo que se ideó que habría de ser. Esta necesidad le motivará en muchas maneras.

Es probable que usted se esfuerce por lograr grandes cosas para sentirse valioso ante los demás. O tal vez le cueste comprobar que es digno de admiración en otras formas: siendo la persona más inteligente, más fuerte, más divertida, más atractiva o más rica del lugar. Incluso es posible que oculte partes de sí mismo ante los demás para disminuir el dolor de la soledad y el aislamiento que siente, pero solo logra aumentarlo.

Ya sea que lo reconozca o no, usted se está esforzando por satisfacer sus necesidades internas más profundas de maneras que realmente no funcionan.

La oración es el camino definitivo para satisfacer esas necesidades porque es la forma en que puede conocer a aquel que realmente las satisface. A menudo he dicho: «Nuestra intimidad con Dios, que es la máxima prioridad de Él con nosotros, determina el impacto de nuestras vidas». ¿Por qué es tan importante la intimidad? Porque solo a través de una relación cercana con Jesús es que sus anhelos más profundos e importantes se cumplen verdaderamente.

La oración le lleva a una relación con su Creador que impacta y revela quién es usted como persona a niveles más profundos, en lugares que ni siquiera sabe que existen. Es el tipo de interacción que se extiende a sus pensamientos más íntimos y a sus temas de identidad, exponiendo los escenarios más difíciles en una forma que es redentora y sanadora.

Del mismo modo, cuando usted se acerca a Jesús a través de la oración, aprende a verse a través de los ojos de Él. Se da cuenta de que fue creado para más de lo que es y obtiene el valor para perseguir eso. En otras palabras, una relación verdaderamente íntima con Cristo a través de la oración es sanadora, reveladora y motivadora: saca lo mejor de usted.

Amigo, Dios lo creó; Él sabe todo sobre usted y siempre hace lo que es más beneficioso para usted en cada momento y en todas las situaciones. Se percate o no, hay un anhelo en su interior por conocer a Dios y ser conocido por Él. Eso sucede a una profundidad interna que no es afectada por la comprensión humana ni por las sustituciones terrenales.

«Con amor eterno te he amado; por eso te sigo con fidelidad».

Jeremías 31:3

La oración le lleva a una relación con su Creador que impacta y revela quién es usted como persona a niveles más profundos.

Pero usted tiene el extraordinario privilegio de acceder a ello mediante el don de la oración.

Además, su intimidad con Dios no solo es importante para usted en lo personal, sino que puede alcanzar el máximo potencial de su vida al caminar con Él en una comunión permanente y continua. Su vida fue creada para que sea una vasija de barro que resplandezca para la gloria de Él (2 Corintios 4:7). Y cuanto más conozca a Cristo y esté unido a Él, más vivirá Él su vida a través de usted, otorgándole su poder y revelándole su plan para usted.

Es por eso que es solo a través de una intimidad basada en la oración con Dios que sus necesidades se han de satisfacer realmente. De Él fluye todo lo que falta en usted y todo lo que es posible a través de usted.

Por supuesto, comunicarse con Dios es una cosa; pero conocerlo verdaderamente es otra. Usted se preguntará: *¿Cómo puedo saber con certeza que soy capaz de tener ese tipo de relación con Cristo o que Él realmente me vea como digno de ella?* Para responder eso, le invito a considerar la manera en que el Señor le creó. Él le formó a su imagen y semejanza, con intelecto, emociones y una voluntad; cosas que le proporcionan una plataforma desde la cual puede relacionarse con Él. ¿Qué otra criatura exhibe tal capacidad o se le ha dado tal honor? Él le formó de esa manera por una razón, para que usted pudiera conocerlo en lo más profundo de su ser, personal e íntimamente.

Del mismo modo, recuerde que antes de la salvación, usted estaba espiritualmente muerto. Usted no buscó ni pudo hallar al Señor por sus propios medios. Romanos 3:11 afirma: «no hay nadie que entienda, nadie que busque a Dios». Sin la capacidad de interactuar *espiritualmente* con el Padre, usted no puede conocerlo verdaderamente. Es por eso que Jesús dijo: «Nadie puede venir a mí si no lo atrae el Padre que me envió» (Juan 6:44).

En cada caso a lo largo de la Escritura, Dios es el que toma la iniciativa en la relación entre Él y la humanidad, porque solo Él tiene el poder y la capacidad para cerrar la brecha espiritual que hay entre nosotros. Por eso asume la responsabilidad de capacitarle para que se comunique con Él. De hecho, esta es la razón por la cual Cristo hizo un sacrificio tan costoso para salvarle y darle una nueva naturaleza, de forma que usted pueda interactuar con Él y conocerlo al nivel más íntimo, que es a través de la oración.

Pero ¿por qué? ¿Por qué Dios ha pasado por todos estos problemas para relacionarse íntimamente con usted y darle el don de la oración? Creo que podemos encontrar la respuesta a ello en Apocalipsis 4:11 (RVR1960): «porque tú creaste todas las cosas, y por tu voluntad existen y fueron creadas». En otras palabras, Dios le creó porque le agradó hacerlo. Él se deleita en expresarle activamente su amor y revelarse a usted. Y le dio el regalo de la oración para que pueda recibir el amor de Él y, a su vez, usted pudiera responderle a Él.

Cuando sienta esos deseos profundos de ser amado, respetado, valorado, aceptado, capacitado y seguro, comprenda que Dios le está atrayendo a sí mismo (Jeremías 31:3). Sin lugar a dudas, le está llamando a establecer una profunda comunión con Él para sacar lo mejor de usted y empoderarle con el fin de que sea todo lo que Él ideó que usted fuera. Él le está invitando a sostener una relación profunda e íntima. Él le está llamando a la oración.

Por lo tanto, ¡dígale que sí! Entréguese al que más le ama y ha dado tanto para que lo conozca.

Señor Jesús, gracias por el don de la oración, mediante el cual puedo tener una comunión íntima contigo; además de hallar la profunda y grata satisfacción que anhelo. Te abro mi corazón, Jesús. Sana lo que esté herido, revela lo que sea contrario a ti y dame el poder para vivir como tú quieres. Incluso acepto que lo que tu Espíritu Santo trae a mi mente es lo que deseas tratar en mi ser. Te confieso mis pecados, Señor Jesús, porque eres fiel y justo para perdonarlos y para limpiarme de toda injusticia (1 Juan 1:9). Sé que me estás liberando y que estás sanando las áreas heridas de mi vida. También puedo notar que me estás preparando para mayores propósitos de los que puedo imaginar. ¡Gracias, Señor Jesús! Gracias por acercarme a ti, a través del don de la oración, por comunicarte conmigo y mostrarme tu senda de vida. En todas las cosas confío en ti y acudo a ti por amor, sabiduría, fuerza e instrucción. En el nombre de Jesús, amén.

Cuanto más conozca a Cristo y esté unido a Él, más vivirá Él su vida a través de usted, otorgándole su poder y revelándole su plan para usted.

3

¿QUIÉN ES ESTE DADOR DE LA ORACIÓN?

El primer privilegio de tener una relación íntima con Dios a través de la oración es que conozca a Dios. Considere la extraordinaria y grandiosa honra que es conocer a aquel que no solo creó todo lo que existe, sino que también lo dirige desde su poderoso trono.

Este es un pensamiento maravilloso si se considera la frecuencia con la que anhelamos el favor de quienes tienen autoridad sobre nosotros o la ayuda de alguien lo suficientemente poderoso como para cambiar nuestras circunstancias. Vemos esto todos los días en la forma en que la gente clama por la atención de los poderosos, los famosos, los hábiles y los ricos. Puede que parezca que estamos sujetos a los prejuicios, deseos malvados, errores y razonamientos defectuosos de otras personas. Incluso podemos caer en la falsa creencia de que nuestro futuro *depende* de su ayuda y sus decisiones.

Por tanto, aunque podamos reconocer que Dios existe, es posible que nos sintamos responsables de resolver las dificultades por nuestro propio esfuerzo o buscar ayuda terrenal en vez de llevarle nuestros problemas a Él. Desde nuestros estrechos puntos de vista terrenales, tal vez no veamos esperanza en nuestras situaciones, ni soluciones a nuestros dilemas, ni fin a nuestros sufrimientos. Cuando vamos delante de Él, podemos hacerlo con nuestras propias limitaciones y con la esperanza de que otras personas nos ayuden.

Sin embargo, Proverbios 29:26 nos recuerda: «Muchos buscan el favor del gobernante, pero solo el Señor hace justicia». Su liberación, independientemente del recipiente utilizado para lograrlo, siempre proviene de Dios mismo. Es más, nada puede afectarle sin que antes lo permita la mano de su Creador, quien le formó en el vientre de su madre y asegura que lo que usted experimente trabajará para mayores propósitos cuando usted lo siga (Romanos 8:28).

Eso es lo que hace que el don de la oración sea tan poderoso e impactante: *Aquel a quien oramos*. Estamos interactuando con el Todopoderoso, nuestro Señor, Creador, Rey, Guerrero poderoso, Redentor y fiel Sumo Sacerdote. ¡Él es la verdadera fuente de nuestra ayuda!

El Padre proclama: «Yo soy el Señor, Dios de toda la humanidad. ¿Hay algo imposible para mí?» (Jeremías 32:27). No, no hay absolutamente *nada* demasiado difícil para que Él no lo supere.

No obstante, es probable que se esté preguntando: *¿Por qué debería orar a Dios para que lo conozca? ¿Marcará, en verdad, una diferencia? ¿Realmente se preocupa Él por mí? ¿Puedo confiar verdaderamente en Él?*

Es normal tener este tipo de preguntas, sobre todo si las personas cercanas le han decepcionado, si han sido deshonestas o han actuado de manera contraria a los mejores intereses de usted. Pero puede estar seguro de que el Padre hará indefectiblemente lo que es bueno, amoroso

Considere la extraordinaria y grandiosa honra que es conocer a aquel que no solo creó todo lo que existe, sino que también lo dirige desde su poderoso trono.

y justo a su favor porque le ama y siempre hace lo correcto (Números 23:19; Salmos 22:3-4). Y a medida que interactúe con Él en oración, ha de entender esto en maneras cada vez más profundas y maravillosas.

Es por eso que el escritor de Hebreos proclamó: «Así que Dios ha hecho ambas cosas: la promesa y el juramento. Estas dos cosas no pueden cambiar, porque es imposible que Dios mienta. Por lo tanto, los que hemos acudido a él en busca de refugio podemos estar bien confiados aferrándonos a la esperanza que está delante de nosotros» (6:18 NTV). Cuando el Padre dice que tiene cuidado de usted, no es un engaño; es la verdad. Él nunca le llevará por el camino del mal; al contrario, siempre será honorable y le guiará de la mejor manera posible. De modo que sí, puede confiar en el extraordinario carácter del Señor. Y cuanto más lo conozca, más confiará en Él.

Por supuesto, las siguientes preguntas que probablemente tenga son: *¿Puede Dios ayudarme? ¿Puede hacer algo con mi situación?* Después de todo, el valor de cualquier promesa se basa no solo en el carácter de la persona que la garantiza sino también en la *capacidad* de cumplirla.

Permítame asegurarle que Dios nunca ha fallado a su palabra. Salomón proclamó en 1 Reyes 8:56: «¡Bendito sea el SEÑOR, que conforme a sus promesas ha dado descanso a su pueblo Israel! No ha dejado de cumplir ni una sola de las gratas promesas que hizo por medio de su siervo Moisés». Él es absolutamente capaz de satisfacer sus necesidades, lo suficientemente sabio, fuerte y amoroso para ayudarle, no importa cuán abrumadoras puedan parecer sus circunstancias.

Eso se debe a que Dios es *soberano*; es el majestuoso gobernante de toda la creación. Él estableció las leyes de la naturaleza. La materia, el espacio y el tiempo están en su mano y bajo su autoridad. El Salmo 103:19 nos dice: «El Señor ha establecido su trono en el cielo; su reinado domina sobre todos».

¿Qué significa esto para su situación? Primero, que el Padre es *omnipotente*: es todopoderoso. Literalmente puede mover el cielo y la tierra para cumplir su voluntad para con usted porque los puso en su lugar y guía cada uno de sus movimientos (Salmos 104). Al tener comunión con Él en oración, no solo le llena con su fuerza, sino que quita obstáculos sobrenaturalmente.

Además, el Señor es *omnisciente*, lo que significa que conoce todo y es completamente sabio. Él ve su pasado, su presente y su futuro; entiende todo sobre su situación, incluso detalles que usted mismo no podría discernir. Él identifica exactamente lo que necesita y cómo proporcionárselo, pero también utiliza sus dificultades para edificarle y madurar su fe (Romanos 8:28). Cuando usted participa en el don de la oración, Dios no solo le da su visión y sabiduría sobrenaturales, sino que aprecia la

«¿Qué diremos frente a esto? Si Dios
está de nuestra parte, ¿quién puede estar
en contra nuestra? El que no escatimó
ni a su propio Hijo, sino que lo entregó
por todos nosotros, ¿cómo no habrá de
darnos generosamente, junto con él,
todas las cosas?».

Romanos 8:31-32

asombrosa manera en que le enseña y navega por su camino de maneras resplandecientes que nunca hubiera podido descubrir por usted mismo.

Además, Dios es *omnipresente*. Él no está limitado por el tiempo y todo lo que existe está en su presencia, por lo que siempre está con usted en todo momento, sin importar a dónde vaya (Josué 1:9). Nada de usted escapa a la atención de Él. Es capaz de reunir recursos e influir en circunstancias que ni siquiera usted sabe que existen para resolver los problemas que enfrenta, independientemente de cuáles sean. De modo que, cuando usted llega ante su trono de gracia, no solo tiene la seguridad de su asombrosa presencia, sino que se percata «de que ni la muerte ni la vida, ni los ángeles ni los demonios, ni lo presente ni lo por venir, ni los poderes, ni lo alto ni lo profundo, ni cosa alguna en toda la creación podrá apartarnos del amor que Dios nos ha manifestado en Cristo Jesús nuestro Señor» (Romanos 8:38-39). Incluso si algo está completamente fuera de su control, lo está bajo el control de Él y, por lo tanto, usted está a salvo bajo su cuidado.

Lucas 1:37 afirma: «Porque para Dios no hay nada imposible». No importa cuán complicadas, confusas, insostenibles o abrumadoras sean las pruebas que enfrente, el Dios vivo es mayor y puede llevarle a triunfar sobre ellas (Juan 16:33). De nuevo, la respuesta es sí, el Padre realmente puede ayudarlo.

Por supuesto, la pregunta final acerca de su corazón puede ser la más personal e incluso la más dolorosa: *¿Querrá Dios realmente ayudarme?*

Esta es la pregunta que muchos de nosotros luchamos por responder. Aunque podemos aceptar que Dios es confiable y capaz de liberarnos de nuestros problemas, no estamos seguros de que esté dispuesto a hacerlo. Estas dudas, a menudo, surgen de sentimientos de insuficiencia. Dudamos que seamos dignos de su amor y de su presencia.

Primero, comprenda que el Señor nos acepta en base a la muerte de Cristo en la cruz, no por lo que hayamos hecho o no (Efesios 2:8-9). Como dije en los capítulos anteriores, usted y yo podemos tener una relación con el Padre solamente a través de la salvación que Jesús nos brinda.

Sin embargo, una vez que confiamos en Cristo como nuestro Salvador, siempre podemos acercarnos al trono de la gracia (Hebreos 4:14-16). El versículo 24 de Judas asegura que Jesús «que puede guardarlos para que no caigan, y establecerlos sin tacha y con gran alegría ante su gloriosa presencia». Usted no tiene que sentir vergüenza o indignidad ante el Padre. Jesús se encargó de la vergüenza de usted en la cruz. Él es su suficiencia. Por supuesto, siempre debe arrepentirse de sus pecados, pero eso es para mantener su comunión con Dios sin obstáculos, ni para que pueda obtener su aprobación.

«Yo soy el Señor, Dios de toda la humanidad. ¿Hay algo imposible para mí?»

Jeremías 32:27

No importa cuán complicadas, confusas, insostenibles o abrumadoras sean las pruebas que enfrente, el Dios vivo es mayor y puede llevarle a triunfar sobre ellas.

Segundo, comprenda que además de ser omnipotente, omnisciente y omnipresente, el Padre también es *omnibenevolente*, lo que significa que es incondicional y perfecto en su amor por usted. El amor del Señor no se basa en lo que usted haga, se basa en su propio y confiable carácter (1 Juan 4:8-10). El Padre es completamente amable y compasivo con usted porque no puede ser de otra manera: Él es quien es. Y como acabamos de ver en Romanos 8:38-39, absolutamente nada puede separarnos de su amor.

Así que no hay necesidad de preguntarse si el Señor está *dispuesto* a ayudarle, ¡lo está! Romanos 8:31-32 declara: «¿Qué diremos frente a esto? Si Dios está de nuestra parte, ¿quién puede estar en contra nuestra? El que no escatimó ni a su propio Hijo, sino que lo entregó por todos nosotros, ¿cómo no habrá de darnos generosamente, junto con él, todas las cosas?».

Amigo, Dios no solo está preparado para ayudarle, sino que le está llamando activamente para que «depositen en él toda ansiedad, porque él cuida de ustedes» (1 Pedro 5:7). Entonces, si se cuestiona si puede confiar en el Dador de este gran regalo de oración... si realmente puede ayudarle... y si realmente está dispuesto a ayudarle... ¡sepa con certeza que la respuesta es incuestionable y rotundamente «¡Sí!», a las tres preguntas.

El que le invita a su trono es digno de su atención. Aunque la ayuda terrenal le falle a menudo, Jesús *nunca* falla.

*S*eñor Jesús, te necesito. Gracias por este gran regalo de la oración a través del cual puedo conocerte, sentir tu presencia y recibir tu ayuda.

¡Oh, Señor, eres Dios! Eres omnisciente: conoces y entiendes cada labor en toda la creación. Eres omnipresente: sabes a dónde puedo ir y a dónde no puedo; y plantear soluciones que ni siquiera noto que existen. Eres omnipotente, haces todo lo que soy incapaz de lograr con mis fuerzas. Y eres amoroso, proporcionándome siempre lo más beneficioso para mí.

Eres el soberano, eterno Rey de reyes y Señor de señores. Y me amas. No solo puedes ayudarme, sino que siempre estás dispuesto a liberarme. No tengo absolutamente ninguna razón para temer. No me fallarás ni me abandonarás. Nadie que confíe en ti será avergonzado.

Gracias, Padre, por ser mayor que todos mis problemas y por ayudarme siempre. ¡Siempre puedo contar contigo!

En tu santo nombre oro, Jesús. Amén.

*A*unque la ayuda
terrenal le falle a menudo,
Jesús *nunca* falla.

4

CONOZCA AL DADOR

¿Quién es exactamente este Dios que creó los cielos y la tierra, y que está al otro lado de su conversación con Él? *La forma* en que usted lo vea es extremadamente importante para su relación con Él y la calidad e impacto en su vida. El tiempo en oración le ayudará a conocerlo: quién es, su carácter, cómo interactúa con usted. No solo entenderá su amor *por usted*, sino que el *amor suyo por* Él aumentará a medida que lo conozca.

Piénselo, su opinión de Dios influye en su actitud cuando usted le habla. Si tiene una visión pobre del Padre, pensando que no está activamente involucrado en su vida o que es —de alguna manera— cruel, entonces no querrá interactuar con Él. Nadie quiere pasar tiempo con personas indiferentes o malas.

Del mismo modo, si tiene una visión inadecuada o negativa acerca de quién es el Señor, se encontrará dudando y vacilando durante sus momentos más cruciales. Esto se debe a que usted responde a Dios en proporción a lo que cree acerca de Él y cuánto lo ama. Su verdadera visión de Él queda expuesta en los tiempos de grandes presiones y pruebas.

Sin embargo, si usted lee su Palabra y ora, no como una tarea o disciplina, sino como conociendo verdaderamente a Dios y construyendo su relación íntima con Él, puede sentir cómo va caminando con usted a cada paso del camino. Él comienza a hablar de su situación en una manera más profunda y poderosa de lo que esperaba.

Por tanto, ¿quién es él? Es cierto, acabamos de ver que el Señor es soberano, omnipotente, omnisciente, omnipresente y omnibenevolente. Él es Dios, el gran Rey vivo, inquebrantable e innegable de todos los reyes, por toda la eternidad. Él es *Yahvé*, el Único y Gran YO SOY existente. Él es *Elohim*, el que tiene poder infinito y es absolutamente fiel para cumplir sus promesas. Él es *El Shaddai*: el maravilloso Dios, el Todopoderoso, el Altísimo sobre todos, que siempre sale victorioso. Ciertamente, el Único que le ayuda a usted es grandioso, admirable, capaz y merece un respeto absoluto.

No obstante, incluso esas descripciones pueden parecer frías y distantes. ¿Quién es él personalmente? En la Escritura hay muchos nombres para Dios que muestran cuán cerca está de usted y cuán amoroso es con usted. La siguiente es solo una breve lista de esos nombres, pero en ellos puede ver la esencia de Él:

- *Yahweh Rohi:* el Señor que es su Pastor (Salmos 23) y su buen Pastor (Juan 10:14), el que le alimenta, le cuida con ternura, le guía suavemente, le protege ferozmente, da su vida por usted y se asegura de que no tenga necesidad.

- *El Roí* (Génesis 16:13): Él es el Dios que ve, que nos ve a todos. Desde las luchas que enfrenta todos los días, hasta por qué le duelen tanto, Él le conoce mejor que usted mismo. Él ve su valía y le ama aun cuando todos los demás no puedan entenderle o parezcan abandonarle. Él le revela en oración cosas sobre usted para ayudarle, aun algunas que usted desconoce.
- *Yahweh Rapha* (Éxodo 15:26) el Gran Médico (Marcos 2:17): el que le sana por dentro y por fuera. Mientras usted ora, Él cura esas

Usted responde a Dios en proporción a lo que cree acerca de Él y cuánto lo ama.

profundas heridas internas y repara sus efectos externos. Ese es su interés, amigo: Sanarle y llevarle a una verdadera libertad del pecado, no hacerle daño.

- *Yahweh Yireh* (Génesis 22:9-14): su proveedor perfecto, que conoce sus necesidades y suministra fielmente lo que realmente las satisfará. Mientras usted ora, la inmensidad de lo que necesita se desvanece porque sabe quién le ayuda, y Él siempre tiene más que suficiente para suplir lo que venga.

El Señor su Dios le ama. Y su amor por usted no es como la mayoría del amor humano: malhumorado, impredecible, egoísta y dependiente de su respuesta. Su ternura hacia usted se basa en su carácter sagrado, que es inquebrantable, sacrificado, inmutable, completamente confiable y consagrado a proporcionarle lo mejor a usted. De hecho, 1 Juan 4:8 explica que el amor es su naturaleza propia: «Dios es amor». En otras palabras, no puede dejar de preocuparse por usted, porque para hacerlo, tendría que dejar de ser Él mismo. De igual modo, el Padre celestial no le amará más cuando sea obediente o menos cuando peque, porque su afecto se basa en su disposición inmutable, no en el mérito de usted.

Esto es lo que el tiempo en la oración revela: que realmente puede confiar en que Dios le ayudará. Él está ahí para acompañarle. Él es amoroso y fiel. Él nunca le abandona ni le rechaza. No tendrá nunca que preocuparse de que Él diga una cosa y haga otra o actúe de manera que le perjudique a usted. Al contrario, puede contar con la maravillosa garantía de que Él le ha de dar todos los días de su vida.

Hubo un momento en mi propia vida en el que luché por conocer mejor a Jesús y comprender cuánto se preocupaba por mí. Aunque todo lo demás en mi vida parecía marchar bien, luchaba internamente. Así que llamé a mis cuatro amigos más cercanos, todos hombres piadosos, y les dije: «Dios está tratando de enseñarme algo, pero no sé qué es, y necesito la ayuda de ustedes para resolverlo. Esto es lo que quiero hacer: les contaré todo lo que sé sobre mí: bueno, malo e indiferente. Luego me gustaría que los cuatro hablaran sobre lo que yo debería hacer. Lo que sea que me digan, lo haré. Sé que ustedes escuchan la voz de Dios».

Comenzamos nuestra conversación alrededor de las dos de la tarde y hablamos hasta las diez de la noche. Después que se fueron a la cama, escribí diecisiete páginas de experiencias propias que no quería dejar de contarles.

Al día siguiente, conversamos durante varias horas más. Finalmente, uno de los hombres dijo: «Charles, pon tu cabeza sobre la mesa y cierra los ojos». Le obedecí e hice lo que me indicó. En silencio, me preguntó: «Imagina que tu padre te alza en sus brazos y te abraza. ¿Qué sientes?». Él sabía que mi padre murió cuando yo tenía nueve meses y que su pérdida tuvo un tremendo impacto en mi vida. De inmediato, me eché a llorar y seguí sollozando por mucho rato. Aun así, no entendía qué estaba causándome tanta emoción. Así que volvió a preguntarme: «¿Qué sientes, Charles?».

Los sentimientos eran tan abrumadores que pasó mucho tiempo antes de que pudiera responderle. Finalmente respondí: «Me sentí abrazado, cálido y seguro. Me sentí... amado». Me di cuenta de que, hasta ese día, nunca había experimentado realmente el amor de Dios, el tierno e incondicional cuidado de un Padre que busca lo mejor para sus hijos (1 Juan 3:1). Les hablaba a otros acerca de su amor, pero yo nunca lo había sentido realmente así. Ese día mi vida cambió. El rato que pasé con mis cuatro amigos transformó mi ministerio y mi vida; el amor del Padre se había vuelto real y extremadamente poderoso para mí.

Le desafío a que haga lo mismo: baje la cabeza e imagínese al Padre abrazándole. Es posible que le sorprendan las emociones que sienta. Puede, como me ocurrió a mí, darse cuenta de su abrumador amor por

$\mathcal{D}$ios le conoce mejor que usted mismo. Él ve su valía y le ama aun cuando todos los demás no puedan entenderle o parezcan abandonarle.

«¡Fíjense qué gran amor nos ha dado el Padre, que se nos llame hijos de Dios! ¡Y lo somos! El mundo no nos conoce, precisamente porque no lo conoció a él».

1 Juan 3:1

usted. Es probable que tenga ganas de alejarlo porque realmente no confía en Él. Un sentimiento de convicción puede venir sobre usted a causa de algún pecado no confesado. Es probable que note que ha estado huyendo de Él toda su vida cuando todo lo que ha querido es sentirse seguro en los brazos de su Padre celestial.

Cualquiera sea el caso, quédese quieto y permita que Dios se ocupe de las emociones y los problemas que surjan. No tema. Él es bueno, amoroso y está dispuesto a enseñarle qué hacer. Después de todo, este es el fundamento de la oración: comprender el gran amor que Dios tiene por usted, conocerlo verdaderamente y permitirle que le dirija de una manera muy personal. Estar todavía en su asombroso abrazo, saber que está seguro, saber cuán profunda y eternamente es amado por su Creador y recibir su guía perfecta son los grandes dones de la oración.

El Padre puede eliminar cualquier obstáculo que tenga para conocerlo, y puede atraerlo a una relación mucho más profunda e íntima que la que jamás haya conocido.

Como indiqué al comienzo del capítulo anterior, lo que hace que la oración sea tan poderosa es aquel con quien usted está hablando. Acepte plenamente el hecho de que Él es el Señor supremo, infinito, inescrutable, invencible e incontrovertible de todos los señores, que tiene poder absoluto sobre todos los aspectos de nuestro universo y más allá. Pero aun más que eso, concientícese de su amor por usted y viva a la luz de esa verdad.

Él no solo es digno de su confianza, sino que también le ama incondicionalmente y quiere mostrarle la vida de la mejor manera. Permítale que se le revele.

*P*adre, cuán agradecido estoy por tu misericordia al permitirme conocerte personalmente y recibir tu gran amor por mí. Te alabo, soberano Señor del cielo y de la tierra, Dios grande y asombroso, por no dejar de cumplir nunca todas tus promesas a los que te aman y te obedecen. Pero aun más, descanso en tus brazos como mi Padre, como aquel que más me ama, que me instruye mejor y que es todo lo que necesito.

Yahweh Rohi, Jesús, mi Buen Pastor, gracias por cuidarme con tanta ternura y dar tu vida por mí. El Roi, gracias por ver tanto mis luchas como mi potencial y por estar siempre conmigo. Yahweh Rapha, mi gran médico, gracias por curarme por dentro y por fuera, liberándome de las heridas en mi corazón, así como del pecado que me mantiene cautivo. Y Yahweh Yireh, mi proveedor perfecto, gracias por satisfacer mis necesidades y suministrar fielmente lo que las satisfará. No necesito temer nunca, porque tú eres quien me ayuda, pase lo que pase.

Señor, recuerdo la promesa que me hiciste a través del profeta Jeremías: «Me buscarán y me encontrarán cuando me busquen de todo corazón» (29:13). Oro para poder conocerte mejor y amarte más a través de la oración. Guíame, padre. Ayúdame a conocerte. Y que pueda honrarte y glorificarte hoy y todos los días.

En el santo y maravilloso nombre de Jesús, oro. Amén.

5

LA PRESENCIA
RECTORA DEL DADOR

asta ahora nos hemos centrado en el hecho de que la oración nos ofrece una oportunidad extraordinaria para conocer a Dios, que siempre nos ayuda. Pero a menudo eso no es realmente lo que impulsa nuestras oraciones.

Hay cosas que necesitamos, respuestas que anhelamos y problemas que requieren sabiduría, todo lo cual nos lleva a arrodillarnos. Necesitamos la ayuda de aquel descrito en los capítulos anteriores. Quizás hayamos reclamado las extraordinarias promesas de las Escrituras:

- «Pidan, y se les dará; busquen, y encontrarán; llamen, y se les abrirá. Porque todo el que pide, recibe; el que busca, encuentra; y al que llama, se le abre» (Mateo 7:7-8).
- «Así que mi Dios les proveerá de todo lo que necesiten, conforme a las gloriosas riquezas que tiene en Cristo Jesús» (Filipenses 4:19).
- «Si a alguno de ustedes le falta sabiduría, pídasela a Dios, y él se la dará, pues Dios da a todos generosamente sin menospreciar a nadie» (Santiago 1:5).

Sabemos que Dios nos ama y quiere liberarnos.

«Así mismo, en nuestra debilidad el Espíritu acude a ayudarnos. No sabemos qué pedir, pero el Espíritu mismo intercede por nosotros con gemidos que no pueden expresarse con palabras. Y Dios, que examina los corazones, sabe cuál es la intención del Espíritu, porque el Espíritu intercede por los creyentes conforme a la voluntad de Dios».

Romanos 8:26-27

Sin embargo, también sabemos que el Señor tiene requisitos para nosotros y es ahí donde enfrentamos problemas. Por ejemplo, la advertencia de 1 Juan 5:14 nos recuerda: «Esta es la confianza que tenemos al acercarnos a Dios: que, si pedimos *conforme a su voluntad*, él nos oye» (*énfasis* mío).

Entonces sí, Dios nos *ayudará*, pero la condicional está ahí: *si pedimos conforme a su voluntad.*

Por lo tanto, ¿cómo puede saber con certeza que sus peticiones de oración agradan al Padre? ¿Cómo puede estar seguro de que lo que está pidiendo es correcto y es conforme a su voluntad?

Estas son las preguntas sobre la oración que escucho con más frecuencia. Puede ser desalentador si no está seguro de que su petición sea compatible con el plan de Dios. Esto puede ser especialmente cierto cuando ora y ora, pero parece que las respuestas del Señor no llegan. Sus problemas y necesidades continúan creciendo, por lo que puede que se pregunte si Él le escucha.

¿Alguna vez se ha sentido así? ¿Alguna vez ha estado tan agobiado por los problemas que la desesperación le supera? Simplemente no sabe qué decirle a Dios. Quizás sienta que no sabe cómo expresar la profundidad total de lo que siente de una manera precisa y reverente. Incluso puede estar tan agotado, desconsolado o desanimado que realmente no sabe lo que necesita ni está seguro de cómo pedirle al Padre que lo ayude.

Si es así, entonces percátese de que Dios le ha dado un regalo extraordinario al enviarle un Ayudante a morar en usted. El Señor ha mostrado su amor por usted al darle un prodigioso compañero de oración con el fin de que le acompañe a lo largo de su vida y en sus momentos más confusos.

El apóstol Pablo explicó: «Así mismo, en nuestra debilidad el Espíritu acude a ayudarnos. No sabemos qué pedir, pero el Espíritu mismo intercede por nosotros con gemidos que no pueden expresarse con palabras. Y Dios, que examina los corazones, sabe cuál es la intención del Espíritu, porque el Espíritu intercede por los creyentes conforme a la voluntad de Dios» (Romanos 8:26-27).

Dios sabía que usted sentiría debilidad con respecto a la oración, que a veces ni siquiera sabría por qué su corazón estaría tan agobiado, fatigado, cansado o lleno de dolor, como pasa en algunos momentos. Por eso le ha dado su Espíritu Santo, que es como un embajador que le transmite fielmente la voluntad del Padre de una manera que pueda entender y que le represente ante Dios en una forma digna del justo nombre de Él.

¿Qué hace el espíritu? Le guía para que se cumplan en usted los siguientes seis aspectos de la oración contestada:

El Señor ha mostrado su amor
por usted al darle un prodigioso
compañero de oración con el fin de
que le acompañe a lo largo de su vida
y en sus momentos más confusos.

1. *Relación correcta*: En el Salmo 66:18 leemos: «Si en mi corazón hubiera yo abrigado maldad, el Señor no me habría escuchado». En otras palabras, el pecado puede bloquear nuestras oraciones a Dios. Eso no significa que cada vez que cometemos un error o tropezamos espiritualmente, el Señor se niegue a escuchar nuestras peticiones. Al contrario, nuestro Padre celestial comprende los temores, las heridas, las debilidades y las dificultades que enfrentamos. Él también quiere liberarnos de ellos. Por tanto, el Espíritu Santo nos hablará sobre las áreas que están bloqueando el poder sagrado del Señor en nuestras vidas. Él nos enseña a vivir conforme a los principios de su Palabra y de acuerdo con su instrucción con el fin de que podamos experimentar lo mejor de Él.

2. *Corazón correcto*: ¿Cuál es su verdadero motivo al acercarse al trono de la gracia? ¿Se está saliendo con la suya o está conociendo al Padre y está experimentando su asombrosa presencia? ¿Se acerca a Él con una lista de pedidos de comestibles o para entender su plan para usted? Comprenda que Jesús ha expresado su objetivo para una relación con usted. Él dijo: «Hagan brillar su luz delante de todos, para que ellos puedan ver las buenas obras de ustedes y alaben al Padre que está en el cielo» (Mateo 5:16). Ese es su propósito final para usted: brillar a través de usted para que otros

lo conozcan. Por lo tanto, el Espíritu Santo limpiará su corazón de las cosas que le exaltarán pero que traerán deshonra a Cristo, convenciéndole de lo que no glorifica al Padre.

¿Significa eso que todavía puede orar por sus necesidades diarias, como superar un resfriado, tener suficiente dinero para pagar la luz o desear que se restablezca una relación? ¿Puede una oración por algo aparentemente no relacionado con el reino de Dios darle gloria a Él? Por supuesto que puede. Pero debemos estar dispuestos a ver nuestras peticiones como una forma de conocer mejor al Señor y un testimonio a otros de su fidelidad. De esta manera, Dios recibe alabanzas por cualquier oración que responde. Cuando las personas escuchan que se cumple una solicitud específica, su fe se fortalece. De forma que, cuando ponemos nuestra mirada en la oración para conocer al Padre y darle gloria —más que simplemente obtener lo que pedimos—, Él se deleita en responder nuestras oraciones.

3. *Actitud correcta:* El libro de Santiago describe la actitud que debemos asumir al hacer solicitudes: «Pero que pida con fe, sin dudar, porque quien duda es como las olas del mar, agitadas y llevadas de un lado a otro por el viento» (Santiago 1:6). La duda y la oración no se mezclan. El hombre cuya fe vacila en la oración es un

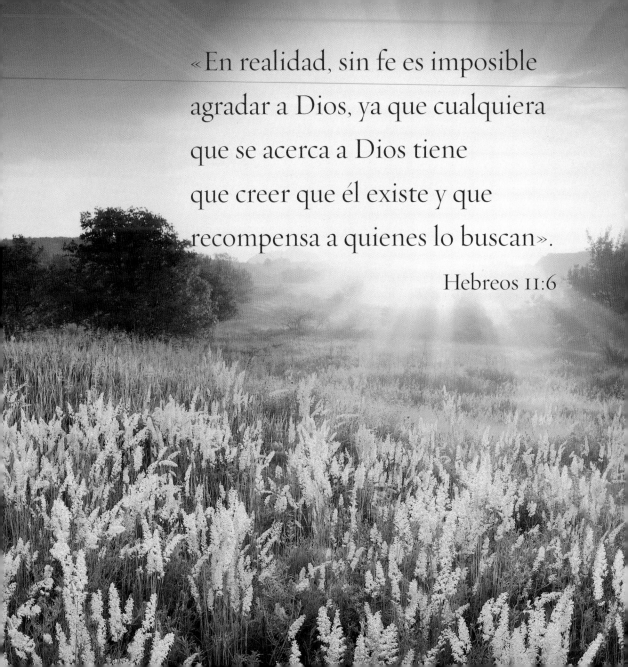

«En realidad, sin fe es imposible agradar a Dios, ya que cualquiera que se acerca a Dios tiene que creer que él existe y que recompensa a quienes lo buscan».

Hebreos 11:6

«hombre de doble ánimo» y es «inestable en todos sus caminos» (Santiago 1:8). Es inconstante no solo en su vida de oración sino en todos sus caminos. ¿Cuál es entonces la actitud correcta? ¿Qué es esta fe que debemos tener? Hebreos 11:6 explica: «En realidad, sin fe es imposible agradar a Dios, ya que cualquiera que se acerca a Dios tiene que creer que él existe y que recompensa a quienes lo buscan». En otras palabras, debemos creer verdaderamente que el Señor nos responderá y que hará lo que sea por nuestro beneficio.

Así que el Espíritu Santo permitirá que surjan circunstancias que usted no comprenda y, algunas veces, responderá de una manera que hasta le confundirá. Pero lo hace para su bienestar, no para lastimarle, sino para edificar su confianza en Dios, que ve más allá de lo que usted puede ver y entender y que, a menudo, trabajará en lo invisible. Jesús lo resumió así: «Por eso les digo: Crean que ya han recibido todo lo que estén pidiendo en oración, y lo obtendrán» (Marcos 11:24). La fe es la capacidad de confiar en la palabra de Dios por encima de lo que usted ve y aceptar sus promesas como si ya se hubieran cumplido en usted (Isaías 55:10-11). Porque entonces puede salir y obedecerle, confiando en que Él siempre le guiará de la manera correcta (Proverbios 3:5-6).

4. *Método correcto*: Esto tiene que ver con respecto a cómo nos dirigimos al Señor en oración. Cuando muchos de nosotros oramos, agregamos la frase «en el nombre de Jesús» al final de nuestras peticiones, ya sea como un hábito o para reclamar la promesa de Cristo de Juan 14:14: «Lo que pidan en mi nombre, yo lo haré». Pero orar en el nombre de Jesús es más que una frase que agregamos a una oración; Es el carácter de la oración misma. Apelar a Dios en su nombre significa que estamos preguntando qué pediría Jesús si estuviera en nuestras circunstancias.

Esto puede parecer demasiado difícil o inalcanzable para usted. ¿Cómo puede saber lo que Jesús oraría? Sin embargo, esa es otra razón por la cual el Espíritu Santo obra en usted: para darle la «mente de Cristo» (1 Corintios 2:16). Él no solo vive a través de usted, sino que también intercede a través de usted. Él revela las verdaderas necesidades y los problemas reales que Dios está abordando en usted.

5. *Herramientas correctas:* Puesto que ha sido espiritualmente vivificado en Cristo, ahora tiene desafíos espirituales que han de surgir. A veces, estos asuntos y batallas serán fáciles de discernir, pero en otras ocasiones se disfrazarán de problemas comunes. Por ejemplo, puede pensar que cierta irritación o frustración que está

El Padre anhela que usted busque su rostro, no solo su mano. Él le ha enviado un Ayudante para que le enseñe cómo comunicarse con Él.

experimentando se debe a sus circunstancias o relaciones, pero realmente se origina en una fuente espiritual, ya sea de cierta esclavitud en usted o de guerra espiritual. Por lo tanto, uno de los roles del Espíritu Santo es ayudarle a comprender de dónde provienen sus problemas y brindarle las herramientas adecuadas, como las Escrituras y la sabiduría de lo alto (Santiago 3:13-18), para superarlos.

Efesios 6:12 revela: «Porque nuestra lucha no es contra seres humanos, sino contra poderes, contra autoridades, contra potestades que dominan este mundo de tinieblas, contra fuerzas espirituales malignas en las regiones celestiales». El Espíritu Santo le dará las herramientas y armas adecuadas para luchar contra el verdadero enemigo al que se enfrenta (1 Corintios 10:3-5).

6. *Petición correcta:* Todo eso lleva a su ayudante el Espíritu Santo a hacer el requerimiento correcto, ayudándole a pedirle a Dios su provisión conforme a su voluntad (1 Juan 5:14). Él le ayuda a tener una relación vibrante con Cristo, a tener un corazón limpio al conocerlo, a tener motivos piadosos en sus peticiones, a tener métodos efectivos para preguntar y herramientas poderosas para comprender sus verdaderas necesidades con el objeto de que pueda expresarle su deseo. Él también le comunica la voluntad

de Dios y le ayuda a escuchar y aceptar la respuesta del Padre al clamor de su corazón.

Como ya he dicho, Dios le ama y quiere satisfacer sus necesidades. Es más, Él quiere darle los deseos de su corazón (Salmos 37:4). Pero anhela que busque su rostro, no solo su mano. Él le ha enviado un Ayudante para que le enseñe cómo comunicarse con Él y a orar conforme a su voluntad.

Puesto que el Espíritu Santo vive en su interior, usted tiene la presencia y la guía constante del Señor para guiarle por el camino que debe seguir (1 Corintios 3:16; 6:19; 2 Corintios 6:16). No tiene que luchar para saber qué decirle al Padre ni desear un vocabulario mejor para dirigirse a Él. No tiene que preguntarse si Dios entiende lo que quiere decir o si ha pedido algo incorrecto. Su compañero de oración personal siempre está con usted y le ayudará a tener comunión con el Padre. La verdadera pregunta es si lo escuchará y aceptará la ayuda que le da para orar según su voluntad.

Así que no tema saber si Dios reconocerá el clamor de su corazón. Más bien, escuche al Espíritu Santo y permítale que transforme sus peticiones en sacrificios aceptables y agradables (Apocalipsis 5:8; 8:3-4).

Espíritu Santo, qué agradecido estoy por tu permanente e inquebrantable presencia en mi vida. Gracias por enseñarme y ayudarme mientras me comunico con el Padre. Gracias por buscarme y liberarme de los miedos, heridas, debilidades y dificultades que hay en mí con el fin de poder tener una relación correcta con Dios.

Ciertamente, me estás enseñando a tener fe, recordándome la obra de Dios en lo invisible, revelándome cómo orar con el carácter de Cristo y equipándome con las herramientas adecuadas para todo lo que enfrento. Gracias por recordarme las Escrituras con el objeto de que me guíen y me ayuden a abordar las áreas que estás transformando por tu gracia.

No temeré acudir ante el gran trono de la gracia para participar de este gran regalo de la oración, porque sé que estás conmigo, Espíritu Santo. Ayúdame a escucharte y someterme a tus indicaciones. En el nombre de Jesús y de acuerdo con su carácter incomparable, oro. Amén.

LOS BENEFICIOS
del REGALO

*L*o más poderoso que puede hacer, el privilegio más asombroso que tiene en esta vida, es hablar con el Padre celestial sobre cualquier cosa que halla en su corazón.

Puede tocar a cualquiera, en cualquier parte del mundo, a través de sus oraciones, cualesquiera sean las circunstancias.

Usted puede mover montañas, cambiar naciones y superar cualquier problema mientras habla con el Señor.

6

LA ORACIÓN ES UN REGALO FORTALECEDOR

*L*a oración es, sin duda, un regalo extraordinario puesto que nos hace saber a *quién* conocemos y cómo nos enseña a caminar con Él. Sin embargo, también es una maravillosa bendición por lo que Él hace por nosotros.

Nunca es esto más evidente que cuando experimentamos todo el peso de nuestras faltas. La vida presenta problemas y pruebas que exceden lo que podemos manipular solos. Es probable que nos sintamos abrumados por las dificultades y pensemos: *Este desafío es mucho mayor que yo y no sé qué hacer. Necesito ayuda.* Es entonces —y, a veces, solo entonces— que recurrimos a nuestro amoroso Padre en oración.

Pude experimentar esto tras graduarme de la Universidad de Richmond cuando asistí al Southwestern Baptist Theological Seminary en Fort Worth, *Texas.* Estaba a mitad del programa de tres años y comenzaba a pensar en mi futuro, lo cual me tenía completamente abrumado por todas las incógnitas que surgían. Fue una de esas noches cuando quise levantar el teléfono y llamar al padre terrenal que nunca conocí y decirle lo que estaba pensando. Me preguntaba qué estaba por venir, cómo sabría qué hacer y cómo me aseguraría siempre de honrar a Dios con mis decisiones. Necesitaba la certeza de que estaba tomando el camino correcto, que no me dirigía al fracaso ni a la decepción. Cuanto más lo pensaba, más imposible me parecía todo.

«No será por la fuerza ni por ningún poder, sino por mi Espíritu —dice el SEÑOR Todopoderoso».

Zacarías 4:6

Así que me arrodillé para orar. Mientras lo hacía, tuve una sensación muy fuerte de la presencia del Señor. No escuché su voz audiblemente, pero su mensaje para mí no podría haber sido más claro. Me dijo: «Lo que sea que consigas en la vida no dependerá de tu educación, tu talento o tu habilidad. Tengo un plan para ti, pero solo lo lograrás de rodillas en completa rendición a mí». Nunca he olvidado esa noche. Y a lo largo de mi vida, he comenzado y terminado mis días de rodillas ante Dios para hablar con Él y escuchar qué más tiene que decir.

Lo que el Padre me comunicó fue el mismo mensaje que leemos en Zacarías 4:6: «No será por la fuerza ni por ningún poder, sino por mi Espíritu —dice el SEÑOR Todopoderoso». Como dije en el capítulo anterior, el Espíritu Santo nos enseña la voluntad del Padre, cómo escucharlo y cómo tener una relación íntima con Él. Pero también nos entrena y nos capacita con el fin de que cumplamos los planes de Dios para nuestras vidas con la fortaleza y la sabiduría de lo alto.

En cierta manera similar, los obstáculos y las pruebas pueden llevarle a arrodillarse ante Dios todopoderoso. Y quizás haya notado que cuanto más inoportuno, confuso y abrumado se sienta, más motivado está para orar. A mí, ciertamente, me pasa. Pero también considere que comprender lo inmensamente insuficiente que es para los problemas que enfrenta es, en realidad, una bendición. Esto se debe a que cuando usted se humilla, admitiendo que necesita la ayuda del Padre, finalmente está en la posición exacta y necesaria para recibir todo el poder, la energía, la sabiduría y la fuerza que requiere para vencer esos problemas. Puede experimentar la asombrosa provisión y victoria que Dios tiene para usted porque está listo para obedecer lo que Él le ordene.

El principio aquí es el siguiente: *Usted y yo alcanzamos una mayor altura y somos más fuertes cuando estamos de rodillas.* Es decir, cuando estamos abrumados por los problemas, hay un curso de acción que podemos seguir cada vez que sepamos que es absolutamente correcto, y es participar en el don de la oración. Vemos este principio en toda la Escritura, especialmente en la vida de Nehemías.

Habían pasado 140 años desde que los babilonios destruyeron Jerusalén, derribando sus muros, devastando el templo y llevando al pueblo de Judá al cautiverio (2 Reyes 25). Aunque los persas derrotaron a los babilonios y permitieron que los judíos regresaran a Jerusalén (Esdras 1), Nehemías, un hombre piadoso y copero del rey Artajerjes de Persia, recibió la noticia de que las cosas no iban bien en la ciudad. Por eso escribió:

Entonces les pregunté por el resto de los judíos que se habían librado del destierro, y por Jerusalén. Ellos me respondieron: «Los que se libraron

El Espíritu Santo nos entrena
y nos capacita con el fin de
que cumplamos los planes de
Dios para nuestras vidas con la
fortaleza de lo alto.

del destierro y se quedaron en la provincia están enfrentando una gran calamidad y humillación. La muralla de Jerusalén sigue derribada, con sus puertas consumidas por el fuego».

Al escuchar esto, me senté a llorar; hice duelo por algunos días, ayuné y oré al Dios del cielo. (Nehemías 1:2-4)

Como puede imaginarse, ese hombre de Dios estaba desconsolado. Aunque habían pasado varias décadas desde que los judíos regresaron a Jerusalén, no tuvieron éxito en la reconstrucción de sus muros. Fue una situación terrible. ¿Cómo se restablecería el pueblo de Dios en la tierra de su herencia si ni siquiera podían fortificar su ciudad principal? Nehemías entendió que la situación debía cambiar de inmediato.

Sin embargo, ¿qué podía hacer un hombre? ¿Cómo podría una persona asumir la tremenda tarea de fortificar una ciudad tan importante? Si alguien tenía derecho a sentirse desanimado, confuso y abrumado, era Nehemías. Pero en vez de ceder al desánimo, Nehemías oró. Se dio cuenta de que, si iba a triunfar, estaría en el camino y el tiempo del Señor.

Las Escrituras testifican que el Padre hizo una obra asombrosa en la vida de Nehemías. El Señor no solo le dio un extraordinario favor con el rey Artajerjes, sino que también lo protegió de todos los enemigos que previamente habían impedido que Jerusalén se volviera a levantar. Y los muros que habían estado en ruinas por más de 140 años se reconstruyeron en solo cincuenta y dos días bajo el liderazgo de Nehemías (Nehemías 6:15-16).

Solo el Padre podía empoderar a Nehemías para hacer eso. Pero de lo que me gustaría que se percatara hoy es que el mismo Dios que ayudó a Nehemías está con usted en todo lo que enfrenta. Él puede trabajar en su vida de la manera más asombrosa, si se lo permite. Todo lo que se necesita es acudir ante el Señor en oración humilde, confiado y creyendo.

Cuando enfrente un desafío que sea mucho mayor que su capacidad para dominarlo, o esté confundido acerca de qué hacer, comprenda que tiene una excelente oportunidad para ver qué tan alto y fuerte se pone uno al arrodillarse. Invite a Dios a ejercer su poder en su vida, a darle sabiduría y a satisfacer sus necesidades. Humíllese ante Dios y reconózcalo como su Señor soberano. Al igual que lo hizo con Nehemías, seguramente le ayudará a triunfar sobre los enormes obstáculos que enfrenta y a revelársele de una manera maravillosa.

Padre, cuán agradecido estoy de que —en mi debilidad—, tú te hagas fuerte; que te muestres abundantemente en lo que tengo escasez. Señor, sabes en qué me siento incapaz, cuando mis talentos, mis recursos, mi energía, mi sabiduría y mi fuerza no son suficientes para los obstáculos que tengo ante mí. Te agradezco que hayas traído estas circunstancias a mi vida para mostrarme quién eres. Has permitido eso para que me incline en oración, para que te busque y así te vea por lo que realmente eres.

Siempre que tema o me sienta desesperado, haz que recuerde mirarte, ¡porque eres más que capaz, Señor! Eres el Dios que puede hacer todas las cosas, el único Gobernante del cielo y la tierra. En tu mano está toda la creación, nada puede oponerse a ti. Abres puertas que nadie puede cerrar. Suples todo lo que necesito en maneras que ni siquiera puedo pensar en preguntar o imaginar. Eres fiel y verdadero; Rey de reyes y Señor de señores; el Soberano omnipotente sobre todo lo que existe; el que me provee, protege, fortalece, dirige y me establece. Confiaré en ti en mis insuficiencias porque sé que tu poder y tu gracia se perfeccionan y exaltan a través de mis debilidades. Gracias, Señor, por el precioso regalo de la oración que me permite aferrarme a ti.

Oro en el poderoso y todo suficiente nombre de Jesús. Amén.

Usted y yo alcanzamos una mayor altura y somos más fuertes cuando estamos de rodillas.

7

LA ORACIÓN ES UN REGALO QUE NOS AHORRA TIEMPO

Es probable que el título de este capítulo le sorprenda. La mayoría de las personas, en algún momento, ha pensado: *Estoy demasiado ocupado para orar.* ¿Cómo puede la oración *ahorrarnos* tiempo si eso es lo que se necesita para orar? En efecto, la oración puede ser lo primero que usted elimina cuando su itinerario es ajetreado.

Sin embargo, ¿alguna vez se ha preguntado en qué se ha gastado todo su tiempo? En todos sus esfuerzos por ser un eficiente y sabio gestor del tiempo, el rápido paso de este puede sorprendernos. Podría ser que tenga plazos apremiantes y no esté seguro de cómo cumplir con sus responsabilidades. Tal vez sus seres queridos envejecen más rápido de lo que esperaba, por lo que se pregunta cómo puede aprovechar al máximo cada momento con ellos. O quizás sea usted el que está envejeciendo y no ha logrado todo lo que deseaba para este punto de su vida.

Cualquiera sea el caso, reconozca la realidad del Salmo 144:4: «Todo mortal es como un suspiro; sus días son fugaces como una sombra». En el gran esbozo de su vida, usted no ha controlado mucho el tiempo como creía que lo haría.

Un querido amigo mío experimentó eso cuando le diagnosticaron cáncer. Comprendiendo lo valioso que es el tiempo, me dijo: «Todas las mañanas, desde que el médico me dio la noticia, me levanto y lo primero que hago es agradecer a Dios por otro día y pedirle que me muestre cómo invertirlo sabiamente». Las cosas cambiaron para mi amigo en el momento en que se dio cuenta de lo valioso que es cada minuto.

Seamos sensatos y hagamos lo mismo: reconozcamos nuestro tiempo como un regalo del Padre y aprovechemos al máximo los días que nos concede. Ya sea para mostrarles a quienes amamos que son valiosos para nosotros, para cumplir plazos difíciles o para perseguir objetivos que el Señor nos ha llamado a alcanzar, debemos estar seguros de que estamos invirtiendo nuestro tiempo con prudencia y de que no lo desperdiciamos.

«Enséñanos a contar bien
nuestros días, para que
nuestro corazón adquiera
sabiduría».

Salmos 90:12

No obstante, ¿cómo hacemos eso? ¿Cómo podemos resguardar nuestro tiempo y asegurarnos de no malgastarlo? Puedo decir sin lugar a dudas que lo más importante que podemos hacer para garantizar que nuestras vidas sean productivas es escuchar la voz de Dios. Como hemos visto en los capítulos anteriores, el Señor es absolutamente sabio y omnisciente; y siempre conoce el mejor camino para nuestras vidas.

Es por eso que leo la siguiente porción del Salmo 119 casi todos los días. Me recuerda que pertenezco al Padre, que lo necesito y que Él es quien debe dirigir mis pasos.

> Tu siervo soy: dame entendimiento
> y llegaré a conocer tus estatutos.
> Señor, ya es tiempo de que actúes,
> pues tu ley está siendo quebrantada.
> Sobre todas las cosas amo tus mandamientos,
> más que el oro, más que el oro refinado.
> Por eso tomo en cuenta todos tus preceptos
> y aborrezco toda senda falsa.
>
> Tus estatutos son maravillosos;
> por eso los obedezco.

La exposición de tus palabras nos da luz,
y da entendimiento al sencillo.
Jadeante abro la boca
porque ansío tus mandamientos.
Vuélvete a mí, y tenme compasión
como haces siempre con los que aman tu nombre.

Guía mis pasos conforme a tu promesa;
no dejes que me domine la iniquidad.
(Salmos 119:125-133)

¿Por qué hablar con el Padre es una forma tan poderosa de resguardar nuestro tiempo? A continuación tenemos diez razones por las cuales la oración es el mejor ahorrador de tiempo de la vida y siempre será nuestro curso de acción más productivo:

- Escuchar a Dios evita que tome decisiones equivocadas con efectos negativos a largo plazo o que le causen demoras gravosas.
- Mantenerse conversando con el Padre le mostrará oportunidades que quizás nunca haya visto.

- El Espíritu Santo le recordará que actúe en decisiones y actividades importantes que pueda olvidar o considerar erróneamente insignificantes.
- A través de la comunión íntima con el Salvador, la preocupación, la ansiedad y las inquietudes —tres gastadores de tiempo terribles— se pueden eliminar, puesto que usted crece en la seguridad de su carácter. Más aun, se llena con la esperanza y la paz de Él.
- Cuando surgen emergencias, puede recibir instrucciones claras y oportunas del Señor a través de la oración, lo que elimina la confusión.
- A través de la oración, usted puede conocer la perspectiva de Dios en cuanto a su situación, de forma que pueda ver a través de los problemas superficiales lo que realmente está sucediendo.
- Aunque transite un camino equivocado por ignorancia, Dios puede ayudarle a volver a encaminarse al pasar tiempo en su presencia y al escucharlo.
- El tiempo con el Salvador agudiza su discernimiento y puede ayudarle a evitar actividades y relaciones inútiles que no logran nada. El Señor evita que se distraiga y se desvíe con cosas equivocadas.
- Del mismo modo, dedicar sus caminos al Señor a través del don de la oración le ayuda a discernir la diferencia entre *estar ocupado* y

Cada mañana, agradezca a Dios
por otro día y pídale que le muestre
cómo usarlo sabiamente.

ser *verdaderamente fructífero*, haciéndole más eficiente, eficaz y productivo.

- Por último, como vimos en el capítulo anterior, su comunión con el Padre le da energía, permitiéndole lograr las grandes cosas a las que Él le llama más rápido que si vive apartado de Él.

Como puede ver, la oración tiene muchos beneficios valiosos que ahorran tiempo. Pero amigo, si está demasiado ocupado para orar o esperar que Dios le revele su voluntad, entonces una cosa es segura: usted está en problemas.

Invertimos nuestro tiempo en función de cuánto valoramos a alguien o algo, y no hay nada más valioso que su relación íntima con Dios. No puede permitirse estar demasiado ocupado como para atenderlo a Él. El Salmo 90:12 dice: «Enséñanos a contar bien nuestros días, para que nuestro corazón adquiera sabiduría». Dios es quien puede mostrarle tanto la importancia de su tiempo como la forma más efectiva de invertirlo.

Si lucha con la realidad de los días, las semanas y los años que han pasado, recuerde que lo más significativo y efectivo que puede hacer es escuchar la voz de Dios leyendo su Palabra y pasando tiempo con Él en comunión íntima.

*P*adre, confieso que no siempre te he dado el primer lugar en lo que respecta al tema del tiempo. Soy consciente de que el tiempo es una herramienta en tu mano y que tienes una sabiduría al respecto que se me escapa. Tú conoces todo de principio a fin, mientras que yo solo tengo una visión limitada del pasado y del momento en que estoy. Gracias por el gran regalo de la oración con el que trabajas para que mi tiempo sea eficaz, significativo y fructífero.

Señor, enséñame lo que es importante para ti. Tú ves el futuro y lo que es realmente vital para él. Ayúdame a andar en tus tiempos y tus caminos. No permitas que tome decisiones erróneas, muéstrame las oportunidades, recuérdame lo que debo hacer, elimina de mi vida la ineficiencia y lo desacertado que me hace perder tiempo; ayúdame a ser paciente y tener esperanza en los retrasos. Del mismo modo, Padre, dirígeme en las áreas en que siento que se me está acabando el tiempo, por favor.

Señor, tú conoces cómo puedo aprovechar al máximo los momentos: invertirlos sabiamente de una manera que te honre y traiga paz a mi alma. Enséñame a enumerar mis días, horas, minutos y segundos con sabiduría, de forma que pueda andar en tu voluntad y experimentar la vida de la mejor y más fructífera manera.

Ruego esto en el nombre eterno de Jesús. Amén.

Hablar con el Padre es la forma más poderosa de resguardar nuestro tiempo y garantizar que se use de manera eficaz.

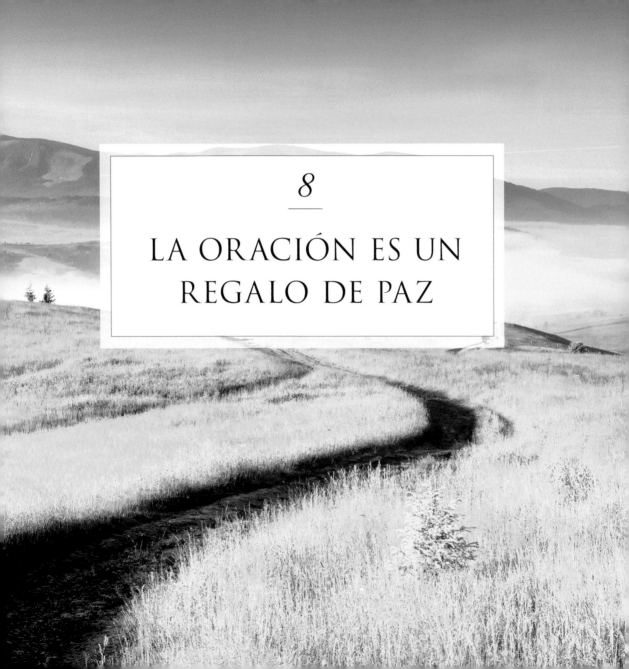

8

LA ORACIÓN ES UN REGALO DE PAZ

ace algunas décadas, uno de mis amigos de la universidad me dio un pequeño cuadro que ha significado mucho para mí. No tiene nada de extraordinario desde un punto de vista artístico, no obstante me ha brindado un gran consuelo en algunos momentos importantes.

Es más, no hace mucho tiempo, le pedí al Señor dirección sobre una situación difícil. Me sentía muy solo. Confundido e incapaz de discutir mis dificultades con los demás, me arrodillé en una habitación despejada y clamé a Dios que me ayudara, me fortaleciera y cambiara la situación que me estaba causando dolor. Le pedí: «Padre, por favor no me dejes así. Muéstrame qué debo hacer».

Mientras oraba, miré a lo alto y allí estaba el cuadro. En el mismo, el Señor Jesús está de pie detrás de un joven, señalándole el camino correcto que debía seguir. La mano del Maestro está sobre su hombro, como si dijera: «Estoy contigo siempre» (Mateo 28:20) y «Este es el camino, síguelo» (Isaías 30:21).

En ese instante, Dios me mostró que tenía el control total de la situación y que me ayudaría a llegar al destino que había planeado para mí. Al igual que el joven del cuadro, necesitaba concentrarme en el camino

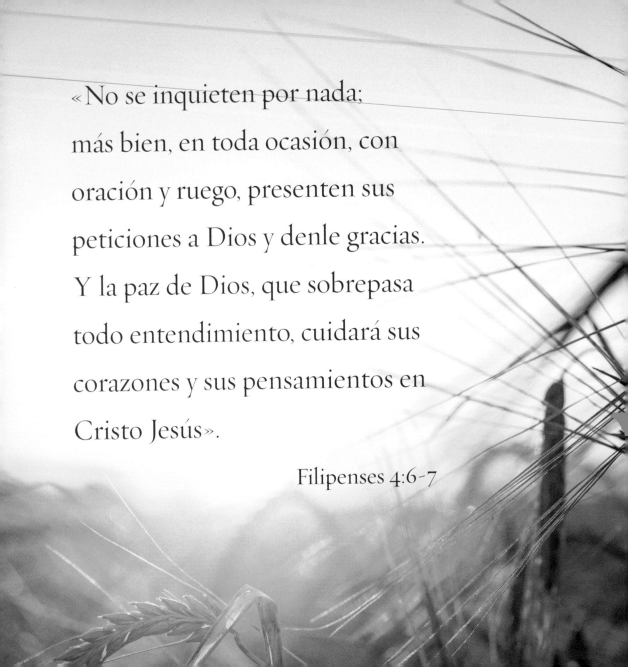

«No se inquieten por nada;
más bien, en toda ocasión, con
oración y ruego, presenten sus
peticiones a Dios y denle gracias.
Y la paz de Dios, que sobrepasa
todo entendimiento, cuidará sus
corazones y sus pensamientos en
Cristo Jesús».

Filipenses 4:6-7

que el Maestro me estaba señalando. Si le obedecía, aunque el camino pareciera oscuro, ciertamente bendeciría mi fe en Él.

Le digo esto porque, inevitablemente, habrá momentos en su vida en los que simplemente no sabrá qué hacer. Puede que se sienta abrumado por las interrogantes que le invaden y le acorralan, quedando paralizado e incapaz de seguir adelante. O tal vez permanezca despierto por la noche, consumido por los detalles de sus circunstancias y tratando con ellos repetidamente con la esperanza de darles sentido. De cualquier manera, se siente atrapado puesto que no tiene idea de cómo proceder.

Sentirá que la ansiedad le está destrozando. Eso es lo que hace el miedo: dispersa sus pensamientos, empujándole en diversas direcciones con todos los «qué pasaría si». Pero esto se opone directamente a lo que el Padre desea para usted. Jesús afirmó: «Yo les he dicho estas cosas para que en mí hallen paz» (Juan 16:33). *Paz*. Es una palabra que en griego significa «ligado o unido». Por ejemplo, a través del sacrificio de Jesús en la cruz, podemos tener paz —o estar unidos— con Él y estar completamente reconciliados con el Padre (Colosenses 1:20).

Sin embargo, la *paz* también implica una sensación interna de armonía y tranquilidad. Todo dentro de nosotros está en calma, confiado en «que Dios dispone todas las cosas para el bien de quienes lo aman, los que han sido llamados de acuerdo con su propósito» (Romanos 8:28). La meta de Jesús es que poseamos la constitución interna que proviene de tener una relación personal con Él y que disfrutemos de su provisión. Y con ese propósito nos ha dado el don de la oración.

Filipenses 4:6-7 promete: «No se inquieten por nada; más bien, en toda ocasión, con oración y ruego, presenten sus peticiones a Dios y denle gracias. Y la paz de Dios, que sobrepasa todo entendimiento, cuidará sus corazones y sus pensamientos en Cristo Jesús». La palabra que traduce *cuidará* significa «protegerle como un centinela militar resguarda su escuadrón». A medida que ejercite el don de la oración y camine con Dios, Él lo acogerá como su protector y su proveedor; y nadie podrá destruir sus defensas. El Padre le rodea con su propia e incomparable presencia; la única forma en que algo puede llegarle a usted es si Él mismo abre la puerta y lo permite. Esa es la mayor seguridad que usted y yo podríamos pedir.

¿Necesita paz en alguna área de su vida? ¿Está enfrentando una situación confusa, que le está destrozando? ¿Le falta un curso de acción claro?

La mano de Jesús está sobre su hombro y le está señalando la dirección correcta, el camino correcto para su vida. ¿Lo escucha y se somete

*J*esús le ha dado el regalo de la oración para que posea la paz que viene de tener una relación personal con Él y para que disfrute de su provisión.

Jesús sabe exactamente lo que usted realmente necesita y cómo proporcionarlo de la manera más amorosa y edificante posible. Él está comprometido a verle convertido en todo lo que pensó al crearle.

a su guía? ¿O está viviendo de la manera que quiere, con su sabiduría en vez de la de Él?

Todos necesitamos una guía confiable que nos instruya y ninguna es más confiable que el Salvador, que dio su vida a nuestro favor. Pero tal vez no esté seguro: ¿puede confiar realmente en el Señor con la situación que actualmente le causa tanto estrés y ansiedad? Aquí tenemos dos razones por las que estoy seguro de que puede y debe confiar.

La primera razón para confiar en que Jesús le dirija y le traiga paz es porque usted sabe que Él nunca le llevará por el mal camino. Como ya dije, su carácter es irreprochable. Su comprensión de todas las cosas pasadas, presentes y futuras es incomparable. Él no solo tiene la sabiduría para aconsejarlo, sino que le ama y siempre tiene el mejor interés en el corazón. Deuteronomio 31:8 promete: «El Señor mismo marchará al frente de ti y estará contigo; nunca te dejará ni te abandonará. No temas ni te desanimes». Dios nunca le engañará ni le abandonará, cualquiera sea la decisión que deba tomar. Él le guiará por el mejor camino posible, si usted lo sigue. Si eso no le da paz, ¡no sé qué se la daría!

Segundo, confiar en Jesús para guiarle le traerá paz porque Él le está guiando por un camino exclusivo para usted. Este mundo ofrece muchas soluciones exclusivas para todos nuestros problemas pero, a menudo, no funcionan o son aún más dañinas. Pero el conocimiento que Jesús tiene de usted es perfecto: Él comprende su personalidad, sus fortalezas, sus debilidades, sus alegrías, sus tristezas, sus necesidades, sus tentaciones, sus deseos y sus preocupaciones. Además, Él le creó para un propósito característico. Efesios 2:10 explica: «Porque somos hechura de Dios, creados en Cristo Jesús para buenas obras, las cuales Dios dispuso de antemano a fin de que las pongamos en práctica». Cuando el Señor le formó, hubo tareas especiales que Él planeó que usted realizara, que están hechas a medida para su talento y su temperamento. Su ser es satisfecho, encuentra significado y se llena al conocerlo a Él y lograr esos propósitos.

Todo eso significa que el camino que debe tomar debe estar especialmente diseñado para usted, ser específico para su naturaleza y para las razones por las que fue creado como tal. Es por eso que es tan importante que Dios establezca su curso, porque solo su Señor y Salvador conoce su verdadero potencial, cómo superar los peligros que se avecinan y cómo llegar a su destino de la manera más segura y eficaz posible. Y esta es la razón por la cual su liderazgo debe darle paz: saber exactamente lo que necesita y cómo proporcionarlo de la manera más amorosa y edificante posible. Él se invierte en usted y se compromete a verle convertirse en todo lo que pensó al crearle.

En el Salmo 32:8, Él promete: «El SEÑOR dice: "Yo te instruiré, yo te mostraré el camino que debes seguir; yo te daré consejos y velaré por ti"». ¿Confiará en que Él lo hará? Eso espero. Él sabe exactamente dónde está usted, qué debe hacer en la situación que enfrenta y cómo llevarle al maravilloso destino que ha planeado para usted. Él es su protector, su proveedor y tiene todo lo necesario para llevarle a la meta, aun cuando el camino parezca imposible. Solo el Señor puede cumplir con esos altos estándares que pueden garantizar su paz.

Ore y confíe en Él para que sea su líder en cada situación, porque seguramente lo bendecirá con su paz que trasciende el entendimiento mientras lo sigue.

Señor Dios, muchas gracias por estar conmigo siempre, por no dejarme ni abandonarme nunca. Agradezco mucho que me estés guiando a través de este gran don de la oración. Como un Padre amoroso o un Pastor gentil, me diriges por el camino que debo tomar: echando fuera el pecado, sanando mis heridas, desarrollando mis dones, mi carácter y enseñándome más sobre ti. Gracias, Señor.

Me rodeas como mi perfecto protector y mi proveedor, de modo que nadie puede quebrantar tus defensas. Me guías con tu mano sobre mi hombro y me rodeas con tu presencia incomparable. Te agradezco que la única forma en que algo pueda alcanzarme sea si lo permites para mi edificación y beneficio definitivo. ¡Qué gran tranquilidad me da saber que todas las cosas obrarán para mi bien!

Me mantienes seguro en tu firme, interminable e inquebrantable amor. ¡Gracias, Señor! ¡No hay paz como la que tú das, Señor Jesús!

En tu incomparable nombre te lo ruego. Amén.

«La paz les dejo; mi paz les doy. Yo no se la doy a ustedes como la da el mundo. No se angustien ni se acobarden».

Juan 14:27

9

LA ORACIÓN
ES UN REGALO
TRANSFORMADOR

A lo largo de mis años en el ministerio, muchos individuos me han pedido oración por algún problema o dificultad experimentados. Algunas personas son específicas en cuanto a lo que les gustaría que orara. Me revelan lo que hay en sus corazones y hacen un relato detallado de sus luchas.

Sin embargo, a menudo, la gente simplemente dice: «Pastor, ¿puede orar por mí?». Necesitan que Dios intervenga en determinada situación, relación o fortaleza, pero les incomoda expresar sus sentimientos o fracasos. Solo saben que necesitan la ayuda y la orientación del Padre. ¿Le ha sucedido esto a usted? ¿Le han pedido que interceda por alguien sin conocer todos los hechos?

También es posible que el Señor haya puesto a alguien en su corazón y, aunque usted sabe que necesita animar a esa persona, no tiene ni idea del motivo. Incluso podría ser que haya alguien cercano que está luchando con problemas de ataduras y simplemente no sabe cómo ayudarle. Tal vez se haya preguntado: *¿Cómo puedo orar poderosamente por esa persona cuando no sé ni siquiera qué pedir? Sé que Dios comprende todas las necesidades, pero quiero orar de una forma que marque la diferencia. ¿Qué debo hacer?*

Usted sabe que Efesios 6:18 (NTV) instruye lo siguiente: «Oren en el Espíritu en todo momento y en toda ocasión. Manténganse alerta y sean

persistentes en sus oraciones por todos los creyentes en todas partes».
Pero ¿cómo ora usted?

Por gracia, las Escrituras le instruyen sobre cómo interceder en estas
situaciones. Y si aprende a pronunciar esta oración simple y transformadora de vida, tiene garantizadas tres cosas:

- Primero, la Palabra de Dios promete que, si ora con fe y es cohe-
  rente al respecto, el Padre actuará a través de sus oraciones de una
  manera poderosa.
- Segundo, orará en perfecta conformidad a la voluntad de Dios.
- Tercero, sepa que su respuesta a esta oración siempre es «¡Sí!».

¿Cuál es esta oración transformadora? Es la que se encuentra en
Colosenses 1:9-12:

Por eso, desde el día en que lo supimos, no hemos dejado de
orar por ustedes. Pedimos que Dios les haga conocer plenamente
su voluntad con toda sabiduría y comprensión espiritual, para
que vivan de manera digna del Señor, agradándole en todo. Esto
implica dar fruto en toda buena obra, crecer en el conocimiento
de Dios y ser fortalecidos en todo sentido con su glorioso poder.

Así perseverarán con paciencia en toda situación, dando gracias con alegría al Padre. Él los ha facultado para participar de la herencia de los santos en el reino de la luz.

Primero, ore para que la persona se llene del conocimiento de la voluntad de Dios (Colosenses 1:9). No hay un lugar mejor y más seguro para nadie que estar en el centro de la voluntad del Padre: confiar en Jesucristo como Salvador, transformarse a su imagen y obedecer todos sus mandamientos. No importa qué decisión deba tomar esa persona o qué obstáculo deba enfrentar, cuando conoce y hace la voluntad de Dios, toma el mejor camino posible para su vida; de modo que tendrá todo lo necesario para triunfar.

Segundo, ore para que la persona camine de una manera digna del Señor (Colosenses 1:10). Como embajador de Cristo, como hijo amado usted tiene la responsabilidad de representarlo bien ante los demás, de vivir en una forma que lo honre en todos los sentidos. Eso significa que su vida debe ser obediente a Jesús en conversación, conducta y carácter. Cuando usted ora para que su vida marche de una manera digna del Señor, lo hace para evitar la tentación y mantenerse firme por Él.

Tercero, ore para que la persona dé fruto en toda buena obra (Colosenses 1:10). La vida del creyente debe hacer un impacto eterno; por lo que usted,

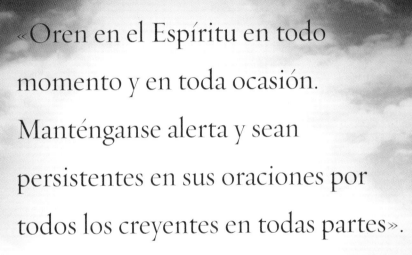

«Oren en el Espíritu en todo
momento y en toda ocasión.
Manténganse alerta y sean
persistentes en sus oraciones por
todos los creyentes en todas partes».

Efesios 6:18 NTV

amigo, debería estar influyendo a los que le rodean por el bien del reino de Dios. ¿Es así? Ore para que se someta al Señor, sea una luz para los que le rodean y le dé al Padre toda la gloria en cada circunstancia.

Cuarto, ore para que la persona crezca en el conocimiento de Dios (Colosenses 1:10). Los creyentes deben madurar constantemente en su fe y ser transformados a la imagen de Cristo. Ore para que, en cada bendición o dificultad, en vez de atemorizarse o de buscar sus propias soluciones, su ser querido confíe en Dios y le pregunte: «Señor, ¿qué quieres que aprenda en esta situación?».

Quinto, ore para que la persona se fortalezca con todo el poder (Colosenses 1:11). Pídale a Dios que fortalezca a su amigo mientras lo busque de todo corazón, sabiendo que el Señor es fiel para asumir la responsabilidad absoluta de todas sus necesidades en la medida en que lo obedezca.

En último lugar, agradezca con alegría al Padre por la vida de ese individuo (Colosenses 1:11-12). Agradezca a Dios por todo lo que está haciendo en y a través de su ser querido, todas las formas en que está enseñando y obrando a través de esa persona. Alábele especialmente porque ha confiado en la muerte de Cristo en la cruz, porque sus pecados han sido perdonados y porque tiene un hogar en el cielo para siempre.

Su Padre celestial será fiel al escuchar sus oraciones y cumplir sus promesas. Así que no cuestione nunca si sus tiempos con el Señor a favor de otros cuentan. Claro que sí. De hecho, la oración hará una gran diferencia, más de lo que usted se imagina.

Así que interceda por sus amigos y sus seres queridos. Sus oraciones no tienen que ser específicas, pero sí deben estar llenas de fe, ser coherentes y conformes a la voluntad de Dios. Afortunadamente, puede saber que al orar Colosenses 1:9-12, el Padre no solo honra sus oraciones, sino que responde afirmativamente a cada una de ellas. Regocíjese con el regalo transformador de la oración.

*P*adre, cuán agradecido estoy por poder hablar contigo sobre absolutamente todo, incluidas las necesidades de los miembros de mi familia, mis amigos, mis compañeros de trabajo, mis camaradas creyentes y mis conocidos. Es posible que no pueda ayudarlos, pero agradezco que a través del maravilloso don de la oración pueda elevarlos ante ti, que puedes transformar sus vidas de manera milagrosa.

Padre, tú sabes quién está en mi corazón en este momento. Oro para que ese individuo se llene del conocimiento de tu voluntad, camine de una manera digna de ti, dé fruto en toda buena obra, crezca en el conocimiento tuyo y se fortalezca con todo tu poder y tu sabiduría, de modo que esté en contra del pecado y abrace lo que ideaste que fuera. Te doy gracias, Padre, por la vida de esta persona. Sé que formaste a este precioso individuo con grandes propósitos, aunque esté lejos de esos planes en este momento. Pero contigo, Padre, ¡siempre hay esperanza! Transforma esta situación de la manera que solo tú puedes hacerlo.

Oro en el amoroso y transformador nombre de Jesús. Amén.

10

LA ORACIÓN ES UN REGALO QUE GARANTIZA LA VICTORIA

¿Alguna vez ha vivido una batalla tan profunda y sobrecogedora que pareciera que todo en su vida estuviera en contra suya? ¿Sabe usted, de una manera muy personal, lo que es enfrentar una situación aparentemente inútil que parezca imposible de superar?

Yo lo he experimentado. Y ese desafío me enseñó una de las lecciones más importantes y poderosas que usted y yo podemos aprender como creyentes acerca del regalo de la oración.

Todo comenzó un año y medio después de que fui llamado como pastor asociado a la Primera Iglesia Bautista de Atlanta. El pastor principal había renunciado y varios miembros del comité de púlpito sugirieron que yo desempeñara su papel. Mientras oraba al respecto, Dios me mostró que era su voluntad que yo fuera pastor principal de esa congregación. Seguí sirviendo, predicando todos los domingos por la mañana y por la tarde, mientras el comité deliberaba. La Primera Iglesia Bautista de Atlanta comenzó a cambiar y a crecer espiritualmente.

Fue entonces cuando surgió el conflicto. Hubo siete miembros muy ricos e influyentes de la congregación a quienes no les gustó el hecho de que buscara la dirección del Señor para cada decisión que tomaba o la forma en que enseñaba la Palabra de Dios. Así que comenzaron a difundir falsas acusaciones sobre mí. Lamentablemente, muchas personas creyeron sus calumnias y se unieron en sus esfuerzos por deshacerse de mí.

«¡Pero gracias a Dios,
que nos da la victoria
por medio de nuestro
Señor Jesucristo!».

1 Corintios 15:57

Recuerdo lo difícil y desalentador que era salir el domingo por la mañana y predicar, consciente de que tantos miembros de la iglesia despreciaban amargamente todo lo que decía y representaba. Recuerdo que iba a la sala de oración a menudo e incluso le decía a Dios que no quería ser pastor de ellos. Pero durante ese tiempo, el Padre me enseñó una lección extremadamente importante.

Me dijo: «Si quieres ganar esta batalla, debes pelear de rodillas a solas conmigo». Lo dejó muy claro: «No discutas ni te defiendas. Permanece fiel a mí. Te protegeré».

Cuarenta años después, puedo decir con gran alegría que el Señor ha sido absolutamente fiel en el cumplimiento de todo lo que me enseñó y me prometió. Luchó por mí, me defendió y triunfó en esa situación imposible.

¿Hay algún desafío al que se enfrente hoy? ¿Hay personas o circunstancias alineadas contra usted en su salud, sus finanzas, su carrera, sus relaciones o su caminar con el Señor? Dios le permitirá enfrentar algunas batallas. Unas serán difíciles y desalentadoras porque otras personas participarán en ellas. En otras, la guerra será contra sus propias limitaciones para aumentar su fe. Pero lo más importante que debe recordar cada vez que se enfrente una batalla es que solo puede haber un Comandante en Jefe y, si quiere salir victorioso, ese papel solo puede desempeñarlo Dios. Como lo indica Proverbios 21:31 (NTV): «*La victoria pertenece al* SEÑOR». Le pertenece a Él; es su posesión. Usted no tiene que tomar la iniciativa ni manipular sus circunstancias. Por el contrario, su estrategia de combate debe comenzar y terminar con la confianza de que el Señor tiene el control de su situación y que Él la está resolviendo activamente por usted si le obedece.

Es por eso que siempre digo: «Pelee sus batallas de rodillas y todo el tiempo triunfará». Cuando aborde los conflictos que se presentan en oración, esa es la postura perfecta para triunfar. Este es uno de los dones más poderosos e impactantes que la oración puede brindarle: abrazar la victoria que Dios ya ha ganado para usted.

¿Cómo lucha usted sus batallas de rodillas? *Primero, hágalo pasando tiempo a solas con el Padre.* Es fácil distraerse cuando surgen conflictos. Usted se afana tanto preocupándose por sus problemas y buscando soluciones que no recurre a aquel que puede ayudarle mejor (Salmos 103:19). Por lo tanto, programe un tiempo para enfocarse únicamente en el Señor. No deje que nada interrumpa su comunión con Él, porque es crucial para su éxito.

Segundo, escuche al Padre en voz baja y espere que le hable. La oración no es solo decirle al Señor cómo se siente usted, aunque es parte de ello. Más bien, Él quiere revelársele a usted y dirigirle en el camino que debe seguir.

«Si quieres ganar esta batalla, debes pelear de rodillas a solas conmigo. No discutas ni te defiendas. Permanece fiel a mí. Te protegeré».

Como nos instruye Eclesiastés 5:1-2: «Cuando vayas a la casa de Dios, cuida tus pasos y acércate a escuchar... él está en el cielo y tú estás en la tierra. Mide, pues, tus palabras». Él tiene una mejor y más amplia perspectiva de lo que está sucediendo, así que préstele atención a Él y obedezca su instrucción.

Tercero, como lo he repetido a lo largo de este libro, si el Señor le revela algún pecado en su vida, arrepiéntase de inmediato. Recuerde, el objetivo principal del Padre es tener una relación íntima con usted. Cuando el pecado está presente, es evidencia de que le está impidiendo tener acceso total a su vida. Por lo tanto, acuerde con Dios acerca de su iniquidad y permita que Él le enseñe. Él le mostrará cómo cambiar la forma en que opera para tener una intimidad óptima con Él, efectividad en su vida e influencia con los demás.

Cuarto, como acabo de mencionar, recuerde que solo puede haber un Comandante en Jefe en esta batalla y ese es el Señor. Dios emplea, de manera voluntaria, su poder sobrenatural para defenderle, entrenarle y sacar todo su potencial. Sin embargo, debe estar dispuesto a reconocer que Él tiene el control y que conoce el camino por delante mejor que usted. Esto es absolutamente crucial a medida que continúe enfrentando la dificultad, porque para lograr la asombrosa victoria que Él ha visualizado, primero debe rendirse a Él.

Quinto, vea todo lo que le sucede como si viniera de Dios. ¿Por qué haría esto? Porque, como ya hemos discutido, si el Padre permite una prueba o desafío en su vida, es en última instancia para su bien y la gloria de Él (Romanos 8:28). Saber que ha permitido que haya problemas en su vida para beneficio de usted, hace que sea más fácil perdonar a quienes le lastimaron y aceptar las circunstancias aparentemente inexplicables que debe soportar.

La verdad es que usted y yo siempre vamos a encontrar problemas, hasta que vayamos a nuestra casa celestial. Sin embargo, Dios ha prometido: «No prevalecerá ninguna arma que se forje contra ti; toda lengua que te acuse será refutada. Esta es la herencia de los siervos del Señor, la justicia que de mí procede —afirma el Señor—» (Isaías 54:17). Y le ha dado el don de la oración como su defensa contra lo que sea que le asalte.

Cuando usted pelea sus batallas de rodillas y le obedece fielmente, invita a Dios a ser su Redentor, su Defensor, su General y su Protector. Ese es el camino más maravilloso y eterno para triunfar cada vez. Por tanto, como he dicho repetidas veces en este libro, ¡ore! Es un regalo asombroso. Un regalo que garantiza la victoria. Y regocíjese de que es abrumadoramente más que vencedor por medio de Cristo que le ama (Romanos 8:37; 1 Corintios 15:57).

Para lograr la asombrosa victoria que Dios ha visualizado, primero debe rendirse a Él.

Padre, cuán agradecido estoy por tu protección, tu guía y tu fortaleza. ¡Gracias por ser mi Comandante en Jefe a través del don de la oración! En verdad, no hay defensor, guerrero ni rey como tú, ni en el cielo ni en la tierra. Independientemente de los enemigos o desafíos que se presenten en mi camino, tú los superas fácilmente. No importan los conflictos ni las pruebas que enfrentamos, siempre sales triunfante.

Padre, ayúdame a no enojarme y a no ponerme a la defensiva; ayúdame a recurrir a ti siempre que surjan conflictos. Gracias por estar constantemente a mi disposición y por llevarme a la victoria cualquiera sea la batalla. Ayúdame a esperar tu momento perfecto, a confiar en ti en cada paso del camino y a estar dispuesto a obedecer todo lo que pidas.

En el santo, sabio y poderoso nombre de Jesús, oro. Amén.

CONSERVE
el REGALO

A medida que le preguntamos a Dios, anticipamos su exposición, respondemos a lo que escuchamos, permanecemos atentos a sus confirmaciones y simplemente le pedimos que hable de manera clara, preparamos el escenario para la mayor aventura conocida por el hombre: escuchar la voz del Dios todopoderoso que quiere entregarnos su mensaje.

¿Qué mayor privilegio, qué mayor responsabilidad, podríamos desear?

11

ENCUENTRE
SU FUTURO EN
EL TRONO

¿Espera el futuro con esperanza y anhelo? ¿O lo enfrenta con temor? Reflexionar en los días venideros, ¿le llena de alegría ante las oportunidades que se le presentan? ¿O le provoca ansiedad y temor debido a las pruebas que puede enfrentar?

Puedo decir, en lo particular, que no puedo evitar tomar aliento puesto que creo que lo mejor está por venir. ¿Por qué tengo una convicción tan firme? Porque a lo largo de los años, Dios me ha enseñado que siempre puedo tener absoluta confianza en Él. Verá, en la década de 1970, no tenía idea de todas las cosas extraordinarias que el Padre iba a hacer. El futuro era desconocido para mí y parecía tener muchos desafíos. Todo lo que sabía era que el Señor había prometido que si me involucraba con Él a través del asombroso don de la oración, lo escuchaba y le obedecía con fe, Él me mostraría qué hacer.

Como enseña Proverbios 3:5-6: «Confía en el SEÑOR de todo corazón, y no en tu propia inteligencia. Reconócelo en todos tus caminos, y él allanará tus sendas».

Con esto presente, recuerdo haber orado con mis compañeros de labores con el objeto de que pudiéramos llevar el mensaje de salvación más allá de los muros de la iglesia. Poco después, Dios nos brindó la oportunidad, a través de la Primera Iglesia Bautista de Atlanta, de transmitir un sencillo programa de treinta minutos llamado *The Chapel Hour* en WXIA-TV 11 y WANX 46: Luego, TBS en el Canal 17 nos dio un intervalo de tiempo para predicar el evangelio. Posteriormente, la Red Cristiana de Radiodifusión (CBN) nos llamó y solicitó usar algunos de nuestros sermones grabados. Continuamos confiando en Dios y las puertas seguían abriéndose.

Entonces un día, en 1977, estaba sentado en mi estudio pensando: *Necesitamos darle un nombre a este programa.* Observé a mi izquierda y vi sobre mi escritorio una *Biblia al Día* con un título en su portada que decía: *In Touch* (En contacto). Así que pensé: *Ese es el nombre. Dios, eso es lo que quiero hacer: quiero que la mayor cantidad posible de personas se contacten con Jesucristo y su camino de vida.* ¿Por qué? Porque sabía que la vida centrada en Jesucristo y caminando con Él, en obediencia, es la máxima expresión de la existencia.

Si hay algo que estos años de predicación del evangelio me han enseñado es que, aparte de la salvación y la presencia permanente del Espíritu Santo, la oración es el mayor regalo que hemos recibido. Esto se debe a que nos da acceso a aquel que sabe todas las cosas y que puede hacer todas las cosas, «Al que puede hacer muchísimo más que todo lo que podamos imaginarnos o pedir, por el poder que obra eficazmente en nosotros» (Efesios 3:20).

«Al que puede hacer muchísimo más que todo lo que podamos imaginarnos o pedir, por el poder que obra eficazmente en nosotros, ¡a él sea la gloria en la iglesia y en Cristo Jesús por todas las generaciones, por los siglos de los siglos! Amén».

Efesios 3:20-21

Recuerde, Hebreos 4:16 nos exhorta: «Así que acerquémonos confiadamente al trono de la gracia para recibir misericordia y hallar la gracia que nos ayude en el momento que más la necesitemos». ¿Alguna vez ha considerado realmente el asiento de poder al que le han invitado a acercarse? Esta es la silla de la máxima autoridad: el trono eterno del único Dios viviente, Soberano supremo de toda la creación.

Del mismo modo, Hebreos 7:25 le dice que Jesús «vive siempre para interceder por ellos», por usted. Y amigo, su Salvador no hace oraciones tristes o inseguras. No intercede como lo hacemos a menudo, vacilando y condicionados por las limitaciones. ¡No!, Jesús ora con autoridad, sabiduría y una habilidad inmensurable.

Él es el Gran YO SOY, omnipotente y omnisciente, que llamó a los cielos y la tierra a la existencia. El Salmo 33:9 (NTV) nos dice: «¡Pues cuando habló, el mundo comenzó a existir; apareció por orden del Señor!». Cuando Él habla por usted, *todo se mueve*. Cuando ordena, *todos deben obedecer*. Y esa, amigo, es la voz que intercede *por usted*. Él está orquestando y dirigiendo las circunstancias de la vida de usted en maneras inimaginables para acercarle a Él y desarrollarle de manera que cumpla todos esos maravillosos propósitos con los que le creó.

¿Ve por qué la oración es un regalo tan precioso e invaluable? Es la forma en que usted aprovecha esa fuente de poder que mueve el universo y su eterna sabiduría. Es el modo en que puede conocer a aquel que le da energía y le da poder, al que le da forma a su futuro, le da paz, le transforma a usted y a los que le rodean, y asegura la victoria final.

¿Está en contacto con el Salvador? ¿Está escuchando a Dios con el fin de caminar con Él en la extraordinaria vida que tiene para usted? Él quiere que lo escuche. De hecho, Deuteronomio 4:29-31 promete: «Pero, si desde allí buscas al SEÑOR tu Dios con todo tu corazón y con toda tu alma, lo encontrarás. Y al cabo del tiempo, cuando hayas vivido en medio de todas esas angustias y dolores, volverás al SEÑOR tu Dios y escucharás su voz. Porque el SEÑOR tu Dios es un Dios compasivo, que no te abandonará ni te destruirá, ni se olvidará del pacto que mediante juramento hizo con tus antepasados».

Amigo, no ignore al Poderoso que le llama. ¡Escúchelo! Primero, busque al Padre *reflexivamente*. Medite en su Palabra y piense en sus principios. Las Escrituras contienen los pensamientos y soluciones de Dios para todo lo que no encuentre. Por lo tanto, lea la Biblia diariamente y busque su instrucción.

Segundo, ore a Dios *activamente*. Acérquese a Él con un oído atento, pidiéndole al Espíritu Santo que le muestre lo que Él quiere que aprenda y confíe en su ayuda para aplicarla a su vida. Él le recordará todo lo que el Padre le está enseñando y le mostrará cómo proceder.

Tercero, obedezca al Señor *sumisamente*. Recuerde la amonestación de Eclesiastés 5:2: «No te apresures, ni con la boca ni con la mente, a proferir ante Dios palabra alguna; él está en el cielo y tú estás en la tierra. Mide, pues, tus palabras». Él sabe cómo guiarle de la mejor manera posible. Por lo tanto, dispóngase a obedecer lo que Él le ordene.

Cuarto, escuche al Padre *expectante*. Dios promete hablarle, lo cual hará. Puede ser mediante su Palabra, a través de otros o de sus circunstancias, pero puede estar seguro de que Él le guiará en lo que debe hacer.

Quinto, ore al Señor *pacientemente*. Habrá momentos en que Dios le enseñe sus caminos y su voluntad a un ritmo más lento de lo que espera o desea. Continúe buscando su rostro y obedeciendo sin importar cuánto tiempo requiera, asegurándose de que Él trabaja a favor de aquellos que esperan en Él (Isaías 64:4). Ore y siga orando, porque lo que Él puede lograr a través de usted le sorprenderá absolutamente, si mantiene el rumbo y confía en Él.

¿Está dispuesto? ¿Esperará el futuro con alegría y anhelo al participar en el gran don de la oración? Espero que lo haga, porque no tengo dudas de que irá más allá de sus mayores expectativas si busca cuidadosamente a Dios de manera reflexiva, activa, sumisa, expectante y paciente.

En verdad, he visto que eso es cierto. Desde aquellos días de la década de 1970, cuando mis compañeros de trabajo y yo oramos para que

La máxima expresión de la
existencia es la vida centrada en
Jesucristo y caminar con Él en
obediencia.

La oración es un regalo
inestimable porque es la forma
en que usted aprovecha la fuente
de poder que mueve el universo
y su eterna sabiduría.

Dios llevara el mensaje de salvación fuera de las fronteras de la Primera Iglesia Bautista de Atlanta, Él nos ha sorprendido. Ha permitido que el ministerio crezca más allá de los límites de Atlanta, más allá de Georgia, más allá de Estados Unidos, más allá de América del Norte y en todos los países del planeta, muy lejos y mucho más lejos de lo que esperábamos o imaginamos.

Aproveche este asombroso regalo de la oración y encuentre su futuro en el trono de la gracia. Manténgase en contacto con su maravilloso Salvador. Preste atención a su llamado para que pueda caminar con Él. Él sanará sus heridas, romperá las barreras que encuentre, superará los obstáculos que enfrente y logrará la victoria sobre cualquier desafío que le asalte.

Escuche la voz de aquel que mueve los cielos y la tierra a favor de usted con el propósito de darle una esperanza eterna y extraordinaria. Porque ese es el camino a la vida en su máxima expresión, y seguramente le sorprenderá con todas las bendiciones que ha planeado para usted.

Mi amado Padre, que estás en el cielo, santificado, santo y exaltado es tu nombre. Gracias por este maravilloso don de la oración que me has dado y por tu maravilloso plan para mi vida. Padre, que venga tu reino, que se predique tu evangelio por toda la tierra y que la gente reconozca que eres el Rey de reyes y el Señor de señores. Que cada rodilla se doble y que cada lengua confiese que Jesús es el Señor. Que se haga tu voluntad, tanto en la tierra como en el cielo, especialmente en y a través de mi vida. Señor, quiero encontrar mi futuro en tu trono.

Sé que hablas y abres camino delante de mí. Tú lo ordenas y las puertas cerradas se abren de una manera que nadie puede cerrar. Ayúdame a escucharte de manera reflexiva, activa, sumisa, expectante y paciente. Cuando no pueda escuchar tu voz, dame la persistencia para seguir buscándote a ti y tu voluntad.

Padre, gracias por todo lo que haces a mi favor. Te agradezco el pan de cada día y que cuides de todas mis necesidades, incluso las que parecen no satisfechas en este momento. Gracias por perdonar mis pecados y ayudarme a perdonar a los que me lastiman. Gracias por ayudarme a luchar y escapar de la tentación para poder llevar una vida santa que te honre. Gracias por liberarme del mal y de la esclavitud del pecado.

Lo que Jesús puede lograr a través de usted lo sorprenderá absolutamente si mantiene el rumbo y confía en Él.

Para ti es el reino, el poder y la gloria, por siempre, Señor Jesús. Eres mi Salvador, mi Autoridad y el gran Dador de este maravilloso regalo de la oración. Espero ansioso el futuro con alegría, expectación y anhelo, consciente de que me guías perfectamente y que mereces todo mi respeto, mi culto, mi obediencia y mi adoración.

Gracias por darme lo mejor de la vida. A ti sea todo el honor y la alabanza para siempre.

En el asombroso, santo y glorioso nombre de Jesús, oro. Amén.

Aproveche este asombroso
regalo de la oración y encuentre
su futuro en el trono de la gracia.

Acerca del autor

El doctor Charles Stanley es el pastor principal de la Primera Iglesia Bautista de Atlanta, Georgia, donde ha servido durante cincuenta años. Es autor superventas del *New York Times* y ha escrito más de sesenta libros, incluido el reconocido devocional *Cada día en su presencia*. El doctor Stanley es fundador de In Touch Ministries. Su programa, *En contacto con el doctor Charles Stanley*, se transmite por todo el mundo en más de 1.200 emisoras de radio, 130 estaciones y redes televisivas, en más de cincuenta idiomas. La galardonada revista devocional *In Touch* se imprime en cuatro idiomas, con más de doce millones de ejemplares cada año. El objetivo del doctor Stanley se enmarca en Hechos 20:24: «La vida no vale nada a menos que la use para hacer el trabajo que me asignó el Señor Jesús: el trabajo de contarles a los demás las buenas nuevas sobre la poderosa bondad y el amor de Dios» (TLB). Esto se debe a que, como él dice, «es la Palabra de Dios y su obra lo que cambia la vida de las personas».